연극

그리고

동물들

theatre & Animals

연극
그리고

동물들

로데스 오로즈코 Lourdes Orozco 지음
조성관 옮김

교유서가

일러두기

• 모든 각주는 옮긴이 주입니다.

한국현대영미드라마학회 서문

아리스토텔레스는『시학』에서 연극을 '인간 행동에 대한 모방'이라고 정의한다. 인간의 행동이 원본이라면, 연극은 그에 대한 복제/복사/사본이라 하겠다. 복제, 복사, 사본이라는 단어의 어감이 다소 부정적인 느낌을 준다면, 좀더 객관적인 표현으로 '반영'이라는 단어를 떠올릴 수 있다. 정리하자면 연극은 '인간 행동의 반영'인 셈이다. 아울러 '인간 행동'이라 함은 또 많은 것들을 담아내는 그릇이다. 여기에는 개인적인 습관과 버릇, 가족을 포함하는 집단의 정서와 공감, 대의를 위해 자신을 희생한 영웅의 결단과 무용담, 삶을 고통으로 이끈 전쟁과 기아, 인류사의 흐름을 바꾸어놓은 위

대한 발견과 발명들이 담겨 있다. 인간 행동을 구성하는 소
중한 꼭지에서 빠질 수 없는 것이 또 있다. 오랜 시간 동안
인간과 함께해온 자연, 반려동물, 물건들, 기억과 추억…….
인간과 관계를 맺은 모든 것을 인간 행동은 소중하게 담아낸
다. 요약하면 연극은 인간 및 인간과 관계를 맺어온 모든 것
의 역사적 총체이며, 이런 의미에서 연극은 '인간 자체'에 대
한 '역사적 축도'라고 할 수 있다.

  〈연극 그리고 Theatre &〉 시리즈는 상기한 '인간사의 축도'로
서 연극에 대한 다양한 사유와 담론을 학술적으로, 그러나
친근한 어투로 풀어낸다. 시리즈의 필진이 세계의 저명한 연
극학자들로 구성되어 있다는 사실은 저자들의 명성에 걸맞
은 본 시리즈의 학술적 가치와 무게감을 방증한다. 무엇보다
도 상기 저자들이 현재도 왕성하게 활동하고 있는 '동시대
인간'이라는 점에서 이 시리즈가 담아내는 연극적 사유와 담
론은 그만큼 생동감 있는 현장의 목소리를 독자에게 전달할
것이라 믿어 의심치 않는다. 이러한 생생한 동시대의 연극적
사유와 담론을 한국현대영미드라마학회 학자들이 한국어로
번역하여 국내 연극학도와 일반 대중 앞에 내놓고자 한다.

〈연극 그리고〉 시리즈의 한국어판은 연극 및 드라마 학자를 대상으로 하는 전공서로서뿐만 아니라 일반 독자가 친근하고 흥미롭게 접할 수 있는 인문 교양서로도 손색이 없을 것이다. 아울러 본 시리즈의 한국어판이 국내의 연극 및 드라마 전공자는 물론, 연극을 기획하는 업계 종사자 및 연극에 관심이 있는 일반인의 지적 호기심을 충족시키기에 부족함이 없기를 바라마지 않는다. 바쁜 일정에도 선뜻 한국어 번역 작업에 동참해주신 학회의 선생님들과 어려운 시기에 출판을 맡아주신 교유서가에 심심한 감사의 마음을 전한다.

2025년 1월

한국현대영미드라마학회 회장 박정만

Theatre and 시리즈 편집자 서문

연극은 상업 극장 지구부터 변방* 지역, 정부 행사에서부터 법정의 의례, 스포츠 경기장의 스펙터클에서 전쟁터에 이르기까지 어디에나 존재한다. 이런 다양한 형태들을 가로지르는 연극적 연속체를 통해, 문화는 스스로를 증명하고 자문한다.

연극은 수천 년 동안 존재해왔으며, 연극을 연구하는 방식도 크게 변화했다. 이제 우리의 관심사를 서양의 극문학 정

---

* 중대형 극장들이 집중된 곳과 먼 곳에 있는 극장을 가리킨다. 영국 런던에서 도심 서쪽의 웨스트엔드(West End)는 상업 극장 지구라고 불리고, 변방(fringe, 최근에는 '프린지'라고 영어 그대로 쓰이는 경우가 종종 있음)은 런던 시내 중심이 아닌 지역에 있는 작은 극장들을 가리킨다.

전으로 한정하는 것만으로는 충분치 않다. 연극은 퍼포먼스라는 넓은 스펙트럼 속에 한자리를 차지했고, 인간 문화의 수많은 영역에 스며든, 더욱 포괄적인 제의(祭義)와 반란의 힘들과 연결되었다. 결과적으로 연극은 여러 학문 분과들을 서로 연결하는 데 도움을 주었다. 지난 50년 동안 연극과 퍼포먼스는 젠더, 경제, 전쟁, 언어, 미술, 문화, 자아감을 재고하는 중요한 은유와 실천으로 활용되었다.

〈연극 그리고〉는 연극과 퍼포먼스의 끊임없는 학제 간 에너지를 포착하려는, 짧은 길이의 책들로 이뤄진 긴 시리즈다. 각 책은 연극이 세상을 어떻게 조명하는지, 세상이 연극을 어떻게 조명하는지 질문하며, 연극과 더 넓은 세상이 보여주는 특정 측면 사이의 연관성을 탐구한다. 각 책은 연극학 분야에서 가장 앞선 비평적 사고를 대표하는 저명한 연극학자들이 한 권씩 맡아 집필했다.

하지만 우리는 동시대의 많은 학술적 글쓰기의 철학적·이론적 복잡성이 더 많은 독자층에게 장벽으로 작용할 수 있다는 점을 염두에 두었다. 이 시리즈의 핵심 목표는 각 주제에 대해 호기심을 가진 사람이라면 누구나 단번에 읽을 수 있도록 한다는 것이다. 이 책들은 도전적이고, 도발적이며, 때로

선견지명을 드러내며, 무엇보다도 명료하다. 독자들이 이 책
들을 즐겁게 읽었으면 한다.

젠 하비(Jen Harvie)와 댄 레벨라토(Dan Rebellato)

서문

2003년, 뒤스부르크에서 알랭 플라텔(Alain Platel)이 연출한 〈늑대Wolf〉를 봤다. 개 한 무리가 무용수들 사이에서 돌아다녔다. 그 개들은 때로 무대에서 벗어나 공연장인 크라프트젠트랄(Kraftzentrale)의 넓은 공장 공간 속을 누볐다. 관객들은 개들을 달래 무대로 돌려보냈다. 플라텔의 〈바흐의 무언가 lets op Bach〉에서 아장아장 걷는 아기가 무용수들 다리 사이를 돌아다니며 주목받기도 하고 무시당하기도 하다가 무대 뒤 아기 이불로 돌아간 일이 떠올랐다. 그리고 8년 전, 에텐버러에서 관람한 피나 바우시(Pina Bausch)의 무용극 〈카네이션 Nelken〉에 등장한, 카네이션으로 뒤덮인 공간 속에서 무용수들을 잡으려고 안간힘을 쓰던 경비견들도 생각했다.

모든 동물은 다르다. 하지만 모든 동물에게는 인간에 대해, 다른 동물과의 관계에 대해 깊이 사고하도록 만들 수 있는 능력이 있다. 덧붙여 극장이라는 장소에 대해서도, 극장에서 현실을 믿을 수 없는 것으로 만드는 힘에 대해서도.

로데스 오로즈코(Lourdes Orozco)는 이 책『연극 그리고 동물들Theatre & Animals』에서 이렇게 말했다. 이 책에서는 연극 속 동물들에 대한 역사와 현재 제작되는 공연을 예리한 시선으로 살피며, 시의적이고 도발적으로 분석한다. 오로즈코는 디즈니의 〈라이온 킹The Lion King〉에 등장하는 의인화부터 얀 파브르(Jan Fabre)가 연출한 〈앵무새와 기니피그Parrots and Guinea Pigs〉에서 보여주는 혼란스러운 다종의 만남까지, 풍부한 예시를 인용하면서 인간성과 동물성의 관계에 대한 중요한 질문들과 마주한다.

나는 지난 30년 동안 연극을 전혀 해본 적이 없는 사람들과 연극을 만들었다. 배우, 무용수, 음악가와 성악가뿐만 아니라 철학자, 가족, 군인, 요리사, 아이, 원예사, 환경 미화원 등 다양한 직군의 사람들과 함께했다. 그러면서 고도의 기교를 보여주는 동시에 완전히 날 것인 공연에 매료되었고, 무대에 선 누구라도 우리 앞에서 가지게 되는 불편함과 함께 느껴지는 편안함에도 끌렸다. 이는 연극이라는 작업물 자체가 불안정한 성질을 가지며, 그 내부에서 스스로 무너질 듯한 느낌을 주는 경향, 그러니까 완전한 불확실성을 지닌다는 의미이다. 이런 것들이 나를 행복하게 한다.

대부분 기획 과정과 마찬가지로 우리 작업에서도 내용은 생성되고 모이며, 조사, 선택, 편집 과정을 거쳐 통합된다. 이 과정을 반복하여 내용은 안정을 찾고 단단해진다. 파편들은 처음에는 예측할 수 없는 충돌로 불꽃을 촉발하지만, 시간이 흐르면서 자기 자리를 잡는다. 리듬과 반응은 익숙해지고, 정통성을 갖게 된다.

그래서 공연 속으로 분열하는 행위자들을 끌어들이고자 했다. 나는 무대 위 인물들이 사건의 규칙과 구조를 잘 알지 못하는 듯 보일 때 무엇이 나타나는지 궁금하다. 아니면 우리가 무언가에 대하여 가정할 때 어떤 것이 나타나는지 알고 싶다. 이런 관심 때문에 어린아이들이나 동물들과 함께 자주 작업하게 되었다. 그리고 이것이 극장 밖 세계와 극장 안 세계 사이의 관계에서 어떤 의미를 갖는지, 연극의 주체성과 책임의 윤리에 대해 스스로에게는 물론이고 관객에게도 묻는다. 무대 위의 인물이 가진 '불편함에 편해지기'라는 감각이 도전받기도 한다.

내가 예술 감독을 맡고 있는 극단 쿼런틴(Quarantine)의 공연을 준비하다 보면 동물들과 어린이들은 서로 매일 잘 어울린다. 그들은 우리의 게임에 참여하면서 행복해 보인다. 때로는 다음날에도 같은 게임을 하려고도 한다. 리허설 중 휴식 시간에 벌어지는 일들이 자주 무대 위 행동으로 연결된다.

〈노인들, 어린이들 그리고 동물들Old People, Children and Animals〉(2008)을 공연할 때는, 세 살짜리 여자아이 둘, 연극을 해본 적이 없는 60대, 70대의 여성 셋과 남성 하나, 굉장히 거친 10대 소녀 록밴드, 토끼 일곱 마리와 앵무새 베티를 등장시켰다. 대형 천막을 세워 만든 공연 공간 한쪽 구석에 작은 단을 놓아 무대를 마련했다. 단 뒤에는 은색 커튼을 드리웠고, 작은 빨간색 플라스틱 의자를 두었다. 관객이 입장하기 전, 베티의 훈련사는 베티를 의자 위에 앉혔다. 공연 시작을 위해 무대 감독이 베티 앞에 확성기를 설치했고, 우리는 베티가 말하기를 기다렸다.

초반 공연 몇 번을 하는 동안, 베티는 무기력하게 앉아 슬쩍 날갯짓만 했고, 때로는 등을 돌리기도 했다.

앵무새는 곧 매일 되풀이되는 공연에 익숙해졌다. 베티는 록밴드 드러머 클로에가 모형 토끼들이 가득 든 자루를 들고 무대 뒤로 들어오는 소리를 들었다. 진짜 토끼들은 그 뒤에 들어왔다. 클로에와 베티는 리허설 때 자주 함께 있었고, 서로에게 친숙해졌다. 서너 번 공연을 하고 나자, 베티는 클로에가 다가오는 소리를 듣고 "클로에"라며 소리치기 시작했다. 그저 앵무새가 낼 법한 소리였지만, "클로에"라고 들렸다. 이런 일은 매일 밤 같은 순간에 늘 반복되었다. 이것은 앵무새가 스스로를 위해 마련하여 반복한 대사였다. 참 많은 것이 혼란을 부른다.

리처드 그레고리(쿼런틴의 예술 감독)

서론:
극장에서 보낸 밤

2001년, 로드리고 가르시아(Rodrigo García)의 연극 〈해진 뒤 After Sun〉는 스페인 바르셀로나 인근 시체스에서 개최된 시체스국제연극제(Sitges Teatre Internacional Festival)에 초청을 받았고, 국적이 다양한 관객 앞에서 공연을 했다. 〈해진 뒤〉는 카탈로니아 지역에서 처음으로 공연한 가르시아의 연극이었고, 나는 이 공연을 보러 갔다. 공연 중반부에, 멕시코 레슬링 마스크를 쓴 배우 후안 로리엔테(Juan Loriente)가 종이 상자를 무대 중앙으로 가지고 나오더니, 톰 존스의 노래 「섹스 밤 Sex Bomb」에 맞춰 미친 듯이 춤을 췄다. 그러다가 갑자기 상자를 열었고, 흰 토끼의 목을 잡아 두 마리를 꺼냈다. 그는 토끼들을 공중에서 마구 휘저으면서, 성적 행동들을 마임으로 연기했다. 관객들은 불편해지기 시작했다. 내 근처에 앉아 있었던 사람들은 귓속말로 불평하기도 했다. 눈앞의 토끼들이 옳지 않음이라는 윤리적인 감각을 깨운 것이다. 로리엔테가 토끼를 다루는 방식, 즉 결국 작가인 가르시아가 토끼를 다루는 방식은 학대였다. 잠시 후, 관객 중 일부가 객석을 떠나 버렸다. 그들은 나가면서 로리엔테에게 그만하라고 소리치기도 했다. '동물들이라니!' 한 관객이 객석 뒤쪽에서 배우와 연출부를 향해 외쳤다. 그 관객은 배우에게 모욕감을 주려고 '동물'이라고 소리친 것이다. 이러한 관객의 입장에서 본다면 토끼 두 마리는 희생양이다. 폭력적이고 통제가 안 되는 인간의 행동은 마치 동물처럼 보이기 때문이다. 그 관객의 불평은 인간과 동물 사이의 복잡하고 역설적인 관계, 애정과 무관심이 똑같은 비중으로 나타나고 있는 관계를 잘 보여줬다.

짧은 소란 속에 거의 3분의 2나 되는 관객이 객석을 비웠다. 공연은 막바지에 이르렀고, 로리엔테와 배우이자 무용수인 파트리샤 라마스(Patricia Lamas)는 맥도날드에서 일하는 매니저와 수습 직원으로 등장했다. 수습 직원을 연기한 라마스는 완벽한 버거를 조리하는 방법을 배운다. 이제 관객들은 불평 없이 지켜보았다. 동물의 '살', 고기를 무대 위에서 요리했지만, 아무도 거북하다고 하지 않았다. 관객들은 보이지 않는 동물의 몸을 더는 연상할 수 없었던 것이다. 동물은 음식이 되었고, 살아 있는 토끼들을 학대하는 것보다 훨씬 더 잘 받아들여졌다. 훗날, 〈해진 뒤〉 순회공연을 관람한 관객들 다수가 공연이 끝난 뒤 토끼들의 행방과 상황에 대해 연출가에게 물었다는 이야기를 들었다. 어떤 관객은 토끼들을 집으로 데려가겠다고 했고, 어떤 관객은 무료 음식으로 봤다. 〈해진 뒤〉 공연에 등장한 토끼들은 사랑받는 반려동물이자 음식이며, 강요된 공연자이고, 단순한 대상에 불과하기도 했다.

이러한 모순에 대하여 에리카 퍼지(Erica Fudge)는 2002년에 출간한 『동물Animal』에서 '우리는 함께 사는 고양이와 우리가 먹는 소 사이의 어떠한 연관성도 생각하지 않는다'(9-10쪽)고 강조했다. 퍼지는 '우화, 동화, 그리고 영화에서 등장하는 토끼는 보편적 객체로서의 동물에서 특정한 개인으로 변신할 수 있는 자질을 가진다'(38쪽)는 사실을 깨우친다. 토끼는 이러한 교차 지점에 불편하게 자리 잡고 있다. 가르시아의 공연에 등장한 토끼들은 인간과 다른 동물들 사이에 오랜 시간 공유된 역사와 공거(cohabitation)를 재현함으로써, 복잡하며 때때로 모순되는 인간과 동물의 관계를 나타냈다.

그날 밤 이후, 무대 위 동물들의 연기를 보는 것으로 나의 관극 경험을 채우게 되었다. 동물들은 그 시기 유럽의 실험 연극 무대 위에 자주 나타났기 때문이다. 무대 위의 다양한 동물들을 생각하면서, 인간과 동물 사이 관계의 역사가 동굴 벽화부터 현대 로데오 경기까지 이르는, 동물들이 등장하고 참여한 공연의 역사와 평행하게 흘러왔음을 깨달았다. 인간과 동물의 위상이나 그 둘 사이 관계에 대한 질문이, 동물들이 등장한 공연을 통해 제기되었다. 동물들은 실제 눈앞에 보이는 무대 위에 나타나면서 연극과 재현의 관계를 완전히 바꾸었고, 연극의 의미 생성 과정에 도전했으며, 연극의 제작, 수용, 전파되는 방식에 대해 재평가하도록 만들었다. 무대 위 동물의 직접적인 등장은 또한 필수적인 윤리 문제를 끄집어냈고, 연극이 정치적·사회적·경제적 질문들과 의사 결정 및 노동법과 어떻게 타협하는지 노출했다. 이 책은 이러한 쟁점들에 대하여 논의한다.

『연극 그리고 동물들』은 공연의 맥락에서, 특히 동물의 재현에 집중한다. 이 책에서 다루는 재현은 살아 있는 동물의 현전(現前), 동물에 대한 은유적인 암시, 동물 인형 사용, 그리고 이미지들과 다른 재현 형태 역시 포함한다. 개별적인 동물과 각각 특정 공연의 경험은 새로운 종류의 질문들을 제시하기 때문에, 재현의 차이들은 중요하다. 더욱이 공연에서 동물들의 다양한 등장 방식은 서로 다른 윤리적 질문들을 제기한다. 인간과 아주 긴 시간 동안 관계를 맺어온 개, 말, 고양이 등이 직접 무대에 등장한다면 공감을 촉발시킬 수 있고, 그들의 처우에 대하여 동물 인형이 등장했을 때와는 다른 관심을 불러일으킬 것이다. 비록 인형들, 카툰 캐릭터들과 디즈니월드에서 사용될 법한 의인화한 동물을 재현하는 동물 분장용 털옷들은 인간 중심적인 관점으로 인간과 동물 사이 소통의 문제점들을 끄집어낼 수 있지만 말이다. 게다가 무대 위 살아 있는 동물들은 죽은 동물들에 비해 여러 가지 문제나 위험이 수반된다. 죽은 동물의 경우에는 극장의 위생과 안전 규제, 위험 평가나 여러 정책들에 대한 우회 전략 혹은 저항과 도전이 될 수도 있다. 모든 동물은 다르다. 하지만 모든 동물에게는 인간에 대해, 다른 동물과의 관계에 대해 깊이 사고하도록 만들 수 있는 능력이 있다. 덧붙여 극장이라는 장소에 대해서도, 극장에서 현실을 믿을 수 없는 것으로 만드는 힘에 대해서도.

이 책은 이러한 주제들을 동시대 연극과 공연을 통하여 가감 없이 논의한다. 연극과 동물이라는 주제를 포괄적으로 다루지만, 범위는 이 시리즈의 길이 때문에 제한이 있다. 같은 시기 서양 연극에 집중하고, 연극 작품들을 예로 들어 동물과 공연에 대한 철학적이고 정치적인 접근을 제공한다. 또한 인간과 동물의 주체성, 윤리, 위험과 노동과 경제, 그리고 재현에 대한 질문에 가장 생산적으로 개입하는 공연들을 다룬다.

공연 속 동물이라는 주제에는 연극과 공연 연구 밖의 다른 분야 연구도 필요하다. 그렇기에 이 책의 접근은 학제적일 수밖에 없으며, 동물이 무엇인지에 대한 연구와 동물과 인간 사이의 관계 및 인간 사회에서 동물의 자리매김에 대한 연구 역시 포함된다. 동물 연구는 오랜 기간 동물들이 어떻게 인간 문화의 역사와 사유의 중심이었는지 파악하게 했다. 이 책은 공연에 등장하는 동물에 대한 연구를 제공할 뿐 아니라, 동물 연구에 압축된 여러 학문들, 특히 철학, 역사, 시각예술에 의해 제기된 질문들과 공연이 어떻게 소통하는지 살펴본다.

공연에 등장한 동물 자체나 공연 속의 인간과 동물 관계, 동물이 공연에 제기하는 도전들에 대한 연구에도 관심을 가졌다. 공연에 등장한 동물들에 대한 연구는 공연 자체에 대해 일반적으로 파악할 수 있게 만들고, 또한 인간과 동물 사이의 관계에 공연이 얼마나 오랫동안, 어떤 역할을 했는지 살펴보게 할 것이다.

동물 연구에서
연극과 퍼포먼스 연구

매슈 칼라코(Matthew Calarco)는 저서 『동물지학*Zoographies*』에서 동물 연구의 두 가지 주요 주제가 어떻게 '동물의 존재 혹은 동물성being of animals or animality' 그리고 '인간과 동물의 구별'로 요약될 수 있는지 밝혔다(2쪽). 연극학과 퍼포먼스 연구자들은 이 두 가지 가장 중요한 주제에 대해서 생산적인 기여를 해왔다. 공연 분석 방법론은 여우 사냥, 소싸움, 로데오 경기, 양 몰기와 베어 바이팅(오락거리의 일종으로 발톱과 이빨이 제거된 곰을 베어 가든이라고 부르는 곳에 몰아넣고 잘 훈련된 사냥개들과 상대하게 했음)과 같은 대중적인 유흥거리에 적용되었다.* 게다가, 동물의 등장은 극단에서 동물들이 어떻게 참여하는지, 어떻게 훈련을 받고, 어떠한 연기를 할 수 있는지 사유하도록 한다. 무엇보다도 동물들을 누가 대변하고 있고 어떻게 대상화하는지에 대한 윤리적이고 도덕적인 질문들을 떠오르게 한다. 동물들이 공연에서 어떻게 재현되며, 그러한 재현이 동물들의 광의의 사회적 맥락 속 위상과 어떻게 관계를 맺는가에 대한 관심은 이미 있었다.

연극학과 동물학의 가장 생산적인 교차 조합 중 하나는 우나 차우두리(Una Chaudhuri)가 착안한 개념인 주에시스(zooësis)이다.•• 이 개념은 문화가 동물의 형상과 몸으로 예술과 의미를 생산하는 방식을 가리킨다. 차우두리는 자신의 두 논문 「동물 지리학Animal Geographies」(2003), 「동물을 마주(안)하

•   bear-baiting은 곰싸움, 곰놀리기, 곰괴롭히기 등으로 번역되어왔다. 한국어 번역어를 선택할 경우 원래 의미와는 다른 어감을 나타낼 수 있을 것 같아서 베어 바이팅이라고 표기했다. 곰을 말뚝에 묶고, 투견으로 키운 개들로 하여금 곰이 죽거나 개가 죽을 때까지 계속 공격하도록 했다. 이 놀이는 매우 잔인했으며, 셰익스피어 시대에 연극을 공연하는 극장 옆에서도 볼 수 있었다. 셰익스피어의 희극 『십이야』에서 극중 인물 중 파비안은 이 놀이를 보러 갔다가 집사인 말볼리오에게 들켰고, 올리비아에게 혼이 난다. 당시 이 놀이를 윤리적으로 옳지 않은 행동으로 여겼음을 알 수 있다.

•• 차우두리는 「동물 지리학」에서 주에시스를 '비인간 동물들과의 실제 그리고 상상의 상호 행동을 구성하는 인간의 삶에서 나타나는 동물성의 담론이다. 이 효과는 우리의 사회적·심리학적·물질적 실존에 스며들고 있다(Comprising both our actual and imaginative interactions with nonhuman animals, zooësis is the discourse of animality in human life, and its effects permeate our social, psychological, and material existence)'라고 설명한다. 우나 차우두리, 『동물들의 무대의 삶The Stage Lives of Animals』, 67쪽.

기 (De)Facing the Animals」(2007)와 뉴욕대학교에서 진행하는 애니멀프로젝트(2006년 시작) 사업과 관련된 출판물들에서 이 개념을 개진했다.• 가장 중요한 점은 주에시스가 공연 속 동물에 대한 연구와 동물 연구 속 공연을 어떻게 자리매김할지에 미친 영향이다. 차우두리는 「동물을 마주(안)하기」에서 퍼포먼스 연구(performance studies)는 동물을 다뤄야 할 의무가 있다고 설명했다. 왜냐하면, 인간과 동물 사이 소통의 많은 예들이 '공연의 특징들인 체현(embodiment), 현전, 공유된 시간과 장소 속에서 드러나는 표현적 조우로 가득 차 있기' 때문이다(9쪽). 차우두리는 이러한 만남들을 수집하고 문학, 연극, 드라마, 대중 문화와 대중 공연 속에 등장하는 동물들을 기록하는 시도라고 주에시스를 정의한다.

이 책의 끝부분, 더 읽을거리에 기록해둔 참고할 연구 목록에서 보이듯, 동물들은 연극과 퍼포먼스를 연구하는 생산적인 시작점이다. 이러한 맥락에서 동물들을 관찰하는 것은 인간 사회와 문화사에서 동물들이 어떤 역할을 하는지 더 잘 이해하게 해준다.

• 　애니멀프로젝트(Animal Project)는 뉴욕대학교에서 시작한 맨해튼섬의 길고양이 구조 사업이다.

언어에 대한 노트

인간이 동물에 대해 생각하고, 말하고, 쓰는 언어는 종종 인간 예외주의를 당연시하는 일례가 되거나, 예외주의를 실행하는 방식이 되곤 한다. 또한 언어는 고착된 현상을 뒤흔드는 변화로 향하는 첫 단계를 구성할 수도 있다. 이러한 이유와 더불어, 이 책이 동물 연구에서 계속되고 있는 윤리적·정치적인 논쟁들에 참여하는 방식을 알리기 위해서는 동물들에 관한 이야기를 할 때 선택한 용어들에 대하여 설명할 필요가 있다. 복수 '동물들_{animals}'과 단수 '그 동물_{the animal}'의 사용은 자크 데리다가 2008년에 쓴 『동물, 그러니까 나인 동물 *The Animal That Therefore I Am*』에서 보여준, 일반 단수인 '그 동물'에 대한 관심과 관련이 있다. 이 책의 제목이 '연극 그리고 동물 Theatre and the Animal'이 아닌 이유는 단수 명사(animal)가 인간을 제외한 모든 동물을 재현하는 언어학적 덫에 빠지지 않기 위해서이다.*

케리 울프(Cary Wolfe)가『동물의 제의Animal Rites』에서 제안한 용어학적 설명에 따라, 이 책에서는 보통 사용되는 '비인간 동물non-human animal'과 '인간 동물human animal' 대신 '동물animal'과 '인간human'으로 쓴다. 울프가 설명한 대로 '동물이라는 용어는, 항상 스타일적으로 부적절하지만 기술적으로는 더욱 정확한 용어인, 비인간동물을 그대로 의미해야' 한다(209쪽).

동물들은 모두 개체이고 그 성별은 중요하지만, 개별 동물을 가리킬 때 '그he'나 '그녀she' 대신에 '그 동물it'이라 쓰기로 결정했다. 울프와 마찬가지로, 나는 '동물에 대해 이야기할 때 중성 대명사를 사용하는 것은 동물의 개별nongeneric 존재의 가능성을 전혀 생각할 수 없는 인간의 무능력함에 대한 지표'라고 인식한다(209쪽).

마지막으로, 이 책은 퍼포먼스(performance) 개념에 차이를

---

* 한국어에서는 단수와 복수의 구분이 크게 중요하지 않은 것으로 보이지만, 원문에서 복수로 쓰일 때는 복수로 번역했다.

두기 위해 연극(theatre) 혹은 퍼포먼스(performance, 혹은 공연)•
라고 쓴다. 연극은 극장에서 상연하며 대본과 같은 연극적
요소들을 사용하고, 공연은 서커스 텐트, 아쿠아파크, 로데
오, 황소싸움과 같이 극장에서도, 극장이 아닌 다른 곳에서
도 이루질 수 있다. 연극학(theatre studies)과 퍼포먼스 연구
(performance studies)를 구별하여 분리하지만, 연결되어 있다는
사실도 염두에 두고 있다.

• 영어 단어 'performance'는 번역하기 매우 까다롭다. 연극학적인 맥락에서 가장 일반적
으로는 '공연'을 의미하는 경우가 많다. 그렇지만 '퍼포먼스 연구performance studies'의
발흥 이후로는 단순히 공연만을 의미하지 않으며, 무언가의 '수행'도 의미한다. 이 책에
서 'performance'는 맥락에 따라 무대 위 공연일 경우 '공연' 그렇지 않은 경우에는 '퍼포
먼스'로 번역했다.

예술, 스펙터클 그리고
텍스트 속 동물들의 간략한 역사

동물들은 항상 인간 경험의 한 측면이었고, 가장 초기 재현 예술에 등장했다. 지상에서 누리는 인간 삶의 기원을 이야기하는 최초의 예술적 재현, 제의의 언어, 종교적 텍스트들은 우리가 알고 있는 초기의 인간과 동물의 소통을 기록하고 있다. 동물들은 식량으로서 사냥되고, 노동력, 생계, 반려를 위해 길들여지기 시작하면서 인간의 상상력에 포착되었고, 예술 행위 속에 나타났다. 이와 비슷하게 공연에 등장하는 동물의 모습도 선사 시대 이전부터 나타난다. 초기 동물 벽화는 샤머니즘 제의, 공동체 회합, 사냥 실습 등에서 동물들의 필수 불가결한 위상을 실현한다. 린다 칼로프(Linda Kalof)의

『인간 역사에서 동물들을 들여다보기』*Looking at Animals in Human History*』(2007)는 동물들의 고생태학 재현이 공동체 삶의 중심이었다고 설명하는데, '공동체 내 소단위들은 때때로 의식, 제의, 그림, 동물들의 움직임에 대한 중요한 정보의 교환을 위해' 모였다(6쪽). 칼로프는 남프랑스의 쇼베(Chauvet) 동굴에서 발견된, 기원전 3만 년 전 동굴 벽화에서 사용한 정교한 기술을 강조한다. 그 벽화는 '동물들이 살아 있는 듯 화려하게' 그렸기에, 동물의 '몸의 움직임, 속도, 힘, 그리고 능력'에 대한 감각을 전한다(1쪽). 이러한 이미지들은 가까이 보기가 대단히 어렵지만, 예술의 기원에서 동물이 어떻게 중심이 되었는지 강조하는 베르너 헤어조크(Werner Herzog)의 영화 〈잊혀진 꿈들의 동굴 *Cave of Forgotten Dreams*〉(2011)에서 볼 수 있다.

고대 문명 시대에는 동물들은 살아 있는 상태에서도, 그리고 재현된 상태에서도 인간 공동체 내에서 필수적인 역할을 차지했다. 시각 예술에서 나타난 사냥, 싸움, 노동, 경주와 같은 여러 예시들은 가정 내부와 외부에서 벌어지는 인간과 동물의 다양한 소통들을 재현한다. 칼로프는 인간의 삶에서 동물의 중심성(centrality)은 단지 시키는 일들을 해내는 것 이상이었다고 주장하면서, 메소포타미아 문명의 예술 작품에서 '영웅적인 인간들과 동물들, 특히 인간의 머리를 한 황소와 악기를 연주하는 인간의 행동을 연기하는 동물들이 서로 뒤얽혀 있는 장면'이 악기에 어떻게 새겨져 있는지 설명한다 (14쪽). 이러한 초기 조각들은 연기하는 동물들이 이미 초기 문명에서도 나타났으며, 이후 인간이 주도하는 유흥에 생각보다 자주 동물들이 참가했음을 입증한다. 게다가 인간의 행동을 연기하는 동물의 모습을 그려냈다는 점이 특히 더 흥미롭다. 인간 행동의 연기는 페타 테이트(Peta Tait)의 저서 『거칠고 위험한 공연들 *Wild and Dangerous Performances*』(2012)에서 나타나듯이 19세기 이후로 유흥 산업에서 중요한 부분이 되었다. 이러한 초기의 재현은 인간과 동물 캐릭터들 사이, 그리고 개념과 사상 사이를 연계하는 과정의 시작이다. 예를 들자면, 메소포타미아 문명에서 황소는 힘과 연계되었다. 이러한 연계들은 현대 사회에서도 여전히 나타나고, 그렇기에 공연에 스며들어 있다. 예를 들면, 동물과 공포의 연결고리, 그리고 거칠거나 통제할 수 없는 것의 연결고리는 공연과 그너머의 인간과 동물의 소통을 아주 흥미롭게 정의하게 된다.

동물들은 고대 그리스와 로마 문화의 중심이기도 했다. 동물들은 고기 및 노동 제공이라는 일상적인 기능 이상으로 종교 축제나 로마 시대 서커스와 같은 유흥과 오락에서 중요한 역할을 했다. 동물과 인간의 관계에 대한 최초의 철학적 문헌이 작성된 것도 고대 그리스와 로마에서였으며, 이는 오늘날까지 이어지는 아리스토텔레스의 인간 우월주의와 플루타르코스의 동물 윤리에 대한 논쟁을 불러일으켰다. 데이비드 프레이저(David Fraser)의 저작 『동물 복지 이해하기 *Understanding Animal Welfare*』(2008)에서 설명하듯이, 아리스토텔레스의 '비록 인간과 동물은 공유하고 있는 요소들이 많지만, 인간만이 로고스나 이성의 능력이 있다'라는 기술은 동물 복지 논쟁을 촉발했으며, 오늘날까지도 여전히 열띤 주제이다.

고대 그리스 연극에서 동물들은 무대 위에 직접 등장하거나, 배우들이 연기하는 모습으로 나타나기도 하고, 단순히 무대 밖의 존재로 언급되기도 했다. 아르노트(P.D. Arnott)는 논문 「고대 그리스 연극에서 동물들 Animals in the Greek Theatre」(1959)에서, 그리스 비극이 '스펙터클의 효과를 만들기 위해' 동물을 사용했다고 설명했다(177쪽). 예를 들면, 아이스퀼로스의 〈아가멤논〉, 〈페르시아인들〉, 〈복수의 여신〉과 에우리피데스의 〈스테네보이아〉, 〈아울리스의 이피게니아〉의 주요 인물들은 살아 있는 말이 끄는 마차를 타고 무대로 등장했다. 아르노트는 고대 그리스 시대에는 특정 장르에만 사용되는 동물이 정해져 있었다고 설명한다. 비극에는 말이, 희극에서는 '친근하지만 고상하지 않은'(3쪽) 동물인 당나귀가 각각 등장한다. 아리스토파네스의 〈개구리〉, 〈말벌〉과 에우리피데스의 〈새〉와 같은 희극에서 조연들은 당나귀를 탄다. 아무튼 동물들은 극장 안에서 다루기가 까다롭기 때문에, 작품들 대부분에서 무대 위에 나타나야 할 동물들은 다른 인물들에 의해 언급될 뿐 실제로 등장하지 않았다. 아르노트가 설명하듯이, 〈말벌〉과 〈새〉에서는 동물들에게도 자세한 등퇴장 지시가 있기 때문에, 인간 배우들이 연기했으리라 추정된다(4쪽). 책 후반부에서 다루겠지만, 동물들의 행동에 대한 예측 불가능성과 관련된 어려움은 극장에서 동물들을 어떻게 통제할 수 있는지와 함께 현대 연극에서도 여전히 쟁점으로 남아 있다. 동물들의 노동과 경제적인 고려, 그리고 무엇보다도 동물들의 처우에 대한 윤리적인 질문들이 이 쟁점을 더욱 복잡하게 한다.

동물들은 고대 그리스 연극에서 공연과 관련된 여러 가지 실천 행위들 중 한 부분이었다. 칼로프가 설명하듯이, 그리스와 로마는 고대 이집트와 미노아 문명의 일부였던 동물원, 동물 쇼(menagerie), 동물 공원 등을 유지했고, 소싸움, 동물이나 인간 바이팅(baiting), 사냥 공연 등을 계속 이어갔다(23-37쪽). 소싸움에 대한 최초의 그림은 고대 이집트 회화에서 발견되며, 미노아 문명의 소 뛰기(bull leaping)는 현재 미국에서 공연되는 로데오의 기원으로 추정할 수 있다(33-34쪽).

그리스인과 로마인은 희생제를 올리는 종교 축제에 동물을 반강제로 참여시켰다. 인간의 구원이 공연되는 이러한 종교 축제에서 동물은 보통 속죄하는 영혼의 현현이 되었다. 스티븐 론즈데일(Steven Lonsdale)은 논문 「고대 그리스 시대의 동물들에 대한 태도들Attitudes towards Animals in Ancient Greece」(1979)에서, 그리스인들에게는 특히 '사건이나 현상을 성스러운 징표로 해석하는 경향'이 있고 '동물의 희생과 성스러운 새들의 징조로 자신들의 신들과 의사소통했다'고 설명한다(8쪽). 유사한 제의적 실천들과 믿음들이 서양에서는 19세기까지 이어졌으며, 아시아와 아프리카 일부에서는 지금도 행해지고 있다. 수자나 마르야니치(Suzana Marjanić)는 「또다른 윤리적 불발인 동물 무대The Zoostage as Another Ethical Misfiring」(2010)라는 흥미로운 논문에서, 동물의 희생은 서양에서는 20세기와

21세기에 스펙터클을 목적으로 현대 공연 예술에서 다시 나타나게 되었다고 설명한다.

　로마 시대에 스펙터클은 더욱 정밀하고 잔인해졌다. 때로는 자유민이 자원하기도 했지만 보통은 노예 신분이었던 검투사들은, 다양한 강도의 보호 장비와 여러 형태의 무기들을 가지고 사자, 호랑이, 곰과 같은 야생 동물들과 싸웠다. 이 시기에 동물들은 인간의 오락과 유흥을 위해 재주를 부리도록 훈련받았고, 해상이나 육상 전투 놀이와 서커스에서 벌어진 신화의 재현에 없어서는 안 되는 요소였다. 거대한 스펙터클은 공적 삶의 중심이고, 부, 권력, 위상을 과시할 수 있는 효율적인 수단이었다. 로마인은 이를 무대 위에 올리는 데 돈을 아끼지 않았다. 이러한 스펙터클에는 야생 동물들이나 이국적인 동물들의 참여가 포함되었다.• 동물들은 때로는 단순히 전시되기도 했지만, 스릴을 추구하던 로마 관객들을 위해 살해되기도 했다.•• 칼로프에 따르면, '기원전 2년 아우구스투스 황제는 티베르강 하구에 있던 원형 광장 키르쿠스 플

• 　조금 어색하게 들리기는 하지만, 저자는 'the participation of wild and exotic animals'라는 표현으로 동물들이 강제로이긴 하지만 그래도 참여했다는 의미를 부여하려고 의도하고 있다.

•• 　로마 시대 극장에서 벌어진 동물 살해를 베나티오(venatio)라고 부른다.

라미니우스에 하천을 범람시킨 뒤 악어 서른여섯 마리를 전시'했으며, '네로 황제는 나무로 만든 원형 경기장에 바닷물을 채워 물살이fish와 다른 해양 동물 들을 채운 뒤 아테네와 페르시아의 가짜 해전을 공연'하도록 했다(37쪽). 프레이저가 『동물 복지 이해하기』에서 설명하듯이, 포획해서 구경거리로 삼은 범고래 모비 돌(Moby Doll, 1959-1964)은 심지어 최초가 아니었다. 로마 제국의 클라우디우스 황제가 재임했을 때, 이미 포획한 고래를 이용한 공연이 제작되었다.

서양의 중세 시대에 말은, 일레인 워커(Elaine Walker)가 『말 Horse』(2008)에서 설명하듯, 농업과 전쟁에 반드시 참여해야 했기에 그 가치가 대단히 높았다. 말들은 마상 시합과 같은 스포츠나 계급과 사회적 신분을 스스로 수행하는 데 가장 필수적인 요소였다. 다른 동물들도 역시 중세인들 삶의 중심이었다. 예를 들면, 이 기간 종교와 정치 권력은 사회적 통제를 위해 공포를 이용했는데, 이후 살아 있는 상태에서 받게 되는 처벌과 죽음 이후의 상상 속 삶에서 받게 되는 처벌이 동물과 연관되기 시작했다. 개, 말, 돼지와 같은 동물들에 의해 인간이 고문당하거나 사형을 당하는 스펙터클은 본보기를 위해 공공장소에서 공개된 채 시행되었는데, 이는 공동체 유흥의 한 형태였다. 동물들은 로마 시대 거대한 볼거리(스펙터클)의 잔존 형태인 유랑 서커스에서도 나타났다. 동물들의 공연이 과거에는 주로 거대 도시들에서 이뤄졌기에, 전원에서 펼쳐진 공연은 오히려 향수를 불러일으켰다. 이 책의 맥락에서 가장 중요한 점은, 중세 시대 동물과 관련된 볼거리가 공연이라는 비일상적 사건과 일상생활의 교차점에 있었다는 것이다. 공개 처형, 조리돌림과 처벌, 먹기 전 고기를 부드럽게 하기 위한 동물 바이팅(baiting), 사냥 공연들은 모두 기능적이고 유흥적인 목적으로 수행됐다. 서로 다른 제의들이 공동체의 실용적이고 정신적인 필요를 충족시켰기에, 여기 모두에 나타난 동물은 경계를 가르지를 수 있도록 했다.

중세 시대의 연극은 동물을 전형적인 상징이나 알레고리의 주제, 혹은 인간 변신의 예로 사용했다. 이는 라틴어로 쓴 성경과 당시 중세에 매우 인기가 좋았던 동물을 주제로 한 우화(bestiary)에서 영향을 받은 것이다. 이러한 중세 연극 속 동물들은 성스럽거나 사악했는데, 르네상스와 엘리자베스 시대의 연극에도 계속하여 나타났다. 로리 새넌(Laurie Shannon)은 「셰익스피어 극에서 여덟 동물 혹은 인간 이전 The Eight Animals in Shakespeare; or, Before the Human」(2009)이라는 논문에서 초기 근대 사회의 일상생활에서 동물이 얼마나 중요한 역할을 했는지 지적한다. 동물들은 큰 도시와 작은 도시, 그림들, 문학과 기록들, 상용 언어들과 모든 종류의 인기 오락물들에 대거 나타났기에, '초기 근대 사회의 인간들은 현 시대의 인간들 대부분보다 동물과 접촉이 더 많았'다고 한다(472쪽). 중세 시대 이후 살아 있는 동물들은 거의 무대 위에서 사라졌다. 이러한 현상은 16세기 이후부터 연극 공연 대부분을 전문 직업인이 하게 되어가는 것과 관련이 있는 듯하다. 실제로 1970년대 네오아방가르드 연극에서야 동물들은 무대 위에 다시 등장하여, 허구와 사실의 경계에 도전하는 한 가지 방식이 되었다. 비록 동물들은 벤 존슨과 셰익스피어의 작품에 계속 등장 동물(dramatis animalia)로 나타났지만, 1970년대까지 살아 있는 동물들은 연극 무대가 아닌 바이팅 장소, 전장, 괴물 쇼와 서커스에서나 나타났다.

안드레아스 회펠레(Andreas Höfele)는 자신의 책 『무대, 말뚝 그리고 교수대Stage, Stake and Scaffold』(2011)에서 연극 무대와 위의 장소들은 그렇게 멀리 떨어져 있지 않다고 말한다. 베어 바이팅이나 다른 동물들의 싸움 공연은 연극 대본을 쓰고 제작하는 문화적 맥락의 일부였고, 그렇기에 극작가들, 배우들, 매니저들 일상생활의 일부가 되었다.

줄리엣과 로미오를, 그리고 팔스타프와 로절린드를 등장시킨 무대를 만든 바로 그 문화는 동물들이 서로 물어뜯어 조각이 나는 광경을 구경하는 또다른 극장을 연극 극장 근처에 유지했다. 이것은 충분히 주목할 만한데, 놀랍게도 단순한 공존이 아니었다. 연극의 연기와 베어 바이팅은 적극적으로 결탁했다. 같은 관객에게 더 많은 관심을 끌려고, 바로 근처에서 경쟁적으로 공연했을 뿐만 아니라 서로 결탁하고 있었다(〈서문〉, 전자책).

르네상스 시기 런던에는 굉장히 많은 극장들이 있었고, 또한 구경꾼들이 돈을 내고 개, 곰, 사자와의 싸움을 구경하는 베어 바이팅을 계속 공연한 곳들도 있었다. 이러한 연극 극장과 베어 바이팅의 인접한 공존은 회펠러의 관점으로 보자면, '셰익스피어의 심리학적·윤리적·정치적 범주로의 인간의 구성과 작용에 대한 탐색'(전자책)을 가능하게 했고, 이 시기의 인간과 동물 사이의 관계를 반추하는 데 기여했다.

계몽주의 시기에 접어들면서, 동물과 관련된 스펙터클은 이 시기의 지식에 대한 집착과 맞물려 자연사에 대한 영감으로 간주됐다. 칼로프에 의하면, 한때 귀족들만의 오락거리였던 동물원, 호기심의 방(curiosity cabinet), 이국적인 동물 전시가 모든 대중에게 공개되며, 하층민들 역시 서로 다른 종에 대해 알 수 있는 기회를 제공받았다. 이러한 대중화는 상층 계급의 사회적 행동의 표시이긴 하지만, 진기한 동물의 경우 공공 영역에서 또다른 방식으로 계급의 차이를 나타내는 부수물로 사용되곤 했다.

18세기에는 동물과 관련한 잔인한 스펙터클의 인기가 더욱 높아졌는데, 동시에 일련의 반대도 양산하게 되었다. 비록 몇몇 스펙터클은 서양에서 19세기 초까지 볼 수 있었지만, 19세기가 끝나갈 때쯤 완전히 사라졌다. 특히 공공장소에서 벌어지는 동물들에 대한 잔인한 행동에 반대하는 동물 보호 단체들의 설립 증가로 이어졌다. 예를 들면, 1824년 영국에서 동물에 대한 잔인한 행동 방지 모임(The Society for the Prevention of Cruelty to Animals)이 창설되었다. 이 모임의 창설은 잔인한 스포츠와 재밋거리를 위한 비인도적인 동물 학대를 막는 법령 제안으로 이어졌다. 이처럼 동물에 대한 윤리적 고려가 우세해지면서, 몇몇 스포츠나 게임은 분명 매우 잔인했기에 금지되었다. 동물들은 서서히 모든 종류의 공연에서 찾아보기 힘들게 되었다. 시간이 경과하면서, 특정 전통에 대한 대중의 인식에 흥미로운 변화가 생겼다. 예를 들면, 19세기에는 필요했기 때문에 여우 사냥을 했지만, 현재는, 여전히 여우 사냥이 필요하다며 실용성을 주장하는 사람들이 있으나, 결국 스펙터클이 되었다. 구경거리와 실용적인 동기로 계속되는 여우 사냥, 소싸움, 로데오와 같은 공연들에 대한 지속적 관찰이 보여주듯이, 실용과 비실용의 구분은 20세기부터 21세기까지의 공연에서 동물의 사용에 대한 윤리적 논쟁을 촉발했다.

19세기에 시작되어 20세기와 21세기에 걸쳐 진행된 동물에 대한 도덕적·윤리적 우려와 관심의 증가는 계급 문제와도 관련이 있다. 칼로프가 시사하듯, 동물과 관련한 몇몇 잔인한 놀이와 스포츠는 극도의 잔인함과 노동자 계급의 놀이라는 이유로 금지되었다. 예를 들면 노동자 계급이 즐기던 동물 바이팅이나 싸움은 잉글랜드에서 거의 금지되었지만, 중산 계급이나 상류 계급의 스포츠였던 여우 사냥, 낚시, 엽총 사냥은 '거의 흠 없이 보존'되었다(136쪽).

19세기에 동물들이 자리한 장소들에서는 인간을 위한 볼거리를 주로 제공했고, 또한 인간 문화의 자연 지배를 더욱 강화했다. 이러한 예들은 박물관에 전시한 동물 박제의 인기에서 찾아볼 수 있다. 박제가 된 동물들은 자연 서식 환경이 재현된 곳에서 자신들의 제의적 역할을 하는데, 미국인 칼 에이클리(Carl Akeley)나 영국인 월터 포터(Walter Potter)가 만든 박제 생물 디오라마가 그런 예시이다. 또한 동물원의 인기가 점점 높아지는 것도 볼거리 제공과 자연 지배의 예가 된다.

존 버거(John Berger)에 의하면, 19세기에 인간들과 동물들은 좋은 쪽이든 나쁜 쪽이든 갈라지게 된다. 버거는 자신의 책 『보기에 관하여About Looking』(1980)의 첫번째 장인 「왜 동물들을 보는가?Why Look at Animals?」에서, 19세기를 '인간과 자연을 매개하던 이전의 모든 전통이 무너진 때'라고 설명한다(3쪽). 도시가 확대되고 사회의 많은 부분이 기계의 영향을 받게 됨에 따라 동물들도 기계로 대체되었고, 결국 인간들이 희귀해진 동물들을 쳐다볼 수 있는 곳으로 강제로 옮겨가게 되었다. 19세기에 동물원은 대단히 인기가 높았는데, 버거는 그 이유를 동물원이 식민주의와 '동물의 포획은 먼 곳에 있는 모든 이국적인 땅들에 대한 지배의 상징적 재현'을 구현하기 때문이라고 보았다(21쪽). 동물들이 우리에 갇히면서, 동물원은 동물들이 예술 작품처럼 여겨지는 박물관이 되었다.

　동물들을 물리적이고 문화적인 주변의 존재로 만드는 풍조는 19세기에 시작되었다고 버거는 주장한다. 이러한 행태는 여전히 계속되고 있다. 동물들은 인간의 일상생활에서 거의 사라져갔고, 다른 장소에서 나타나기 시작했다. 공연은 동물들을 볼 수 있는 무대 중 하나고, 인간들이 동물들과 계속 소통하고 동물들에 대해 알아갈 수 있는 순간이다.

　이처럼 연극과 공연 속 동물들의 짧은 역사는 동물들이 주로 인간의 오락거리였음을 보여준다. 포획한 야생 동물부터 잘 길들인 동물 들까지, 모든 동물은 인간에 의해 저글링, 줄타기, 명령 복종, 인간 훈련사와 소통하고 문제를 해결하는 인지적 성취의 수행과 같은 특정한 구경거리나 묘기를 보여줌으로써 인간의 행동을 모방하거나 자연 세계에 대한 인간의 지배를 공적으로 전시하는 인간 중심적 활동들에 참가하도록 이용되었다.

　현재까지 논의한 동물과 관련된 공연이나 놀이 들은 20세기를 지나 21세기에도 여전히 남아 있다. 하지만 20세기 중반 이후부터 동물의 복지에 대한 인식의 발전과 인간과 동물의 관계에 대한 더욱 비판적인 접근 덕택에, 극장과 공연에서 동물의 등장은 언제, 어디서, 어떻게 동물이 이용될지를 강력히 규제하는 효력이 있는 보호법, 위생법, 노동법 등에 의해 제한되었다. 동물 연구 분야가 발전하면서 철학자들과 비평가들의 글이 예술가와 연극인 들의 작품에 스며들게 되었고, 공연에서 동물의 사용과 재현에 대한 범위를 설정하는 것으로 이어졌다. 동물원, 서커스, 사냥이나 그 비슷한 활동은 21세기에도 남아 있고, 여전히 자연 세계를 인간이 통제하고 있음을 보여준다. 하지만 인간 주체성과 타자성에 대한 철학적 논쟁과 동물과 인간들 사이의 근접성, 공감 그리고 공유에 대한 사유들은 많은 연극인이 전통적인 동물과 인간의 분할을 거부하고 이에 도전하는 방식을 찾으면서 동물들과 함께하도록 이끌었다.

이어서 인간과 동물의 구분, 윤리, 그리고 공연의 물질적 조건들에 대한 질문들과 관련된 동물의 현전과 재현을 탐구할 것이다. 주로 동시대의 공연들을 다루겠지만, 몇 세기 동안 이어진 동물 공연의 역사와 그에 대한 질문들을 바탕으로 배경 역사도 소개하려고 한다.

동물, 철학, 생태학

서양의 주요 사상가 몇몇은 인간의 주체성 관념에 대하여 비판적으로 다뤘다. 그들은 인간이 무엇인지에 대한 탐색을 할 때 동물에 관심을 가졌다. 이 사상가들의 사유는 이어지는 문단에서 언급할 자세한 논의의 틀을 제공했다. 기원전 4세기의 아리스토텔레스부터 20세기의 데리다에 이르기까지 인간이 무엇인지에 대한 질문은, 데리다의『동물, 그러니까 나인 동물』에서 쓴 말을 빌리자면, '동물의 존재에 대한 질문', 즉 비인간 동물이 아니라는 것은 무슨 의미인지에 대한 질문과 맞서게 되었다. 종들의 차이와 구별에 대한 질문은 19세기 찰스 다윈의 저작들『종의 기원』(1859),『인간의 후손

The Descent of Man』(1871), 『인간과 동물의 감정 표현*The Expression of the Emotions in Man and Animals*』(1872)을 통해 인간이 동물의 범주에 포함된다는 답을 얻었다. 그전까지 인간은 어떻게 동물과 다른지 입증하는 데 열정을 보였다. 대부분의 경우, 동물은 열등한 대상이며, 인간의 발전과 진보를 위해 도움을 제공하는 것이 존재의 이유라고 여겼다.

이러한 입장은 아리스토텔레스의 『정치학』을 읽기 시작하면 간단하게 알아볼 수 있다. 아리스토텔레스는 1권에서 인간에 대한 신념을 표현한다. 인간은 '말할 수 있는 능력을 가진 유일한 동물'이며, 역시 '선악과 정의의 감각을 가진' 유일한 '정치적인' 동물이다(13쪽). 이러한 자질이 다른 종을 지배할 수 있는 힘을 인간에게 부여한다. 아리스토텔레스에 따르면, 말을 할 수 없는 동물들은 합리적으로 생각할 수 있는 능력이 없기에 몸의 욕구에 굴복할 수밖에 없다. 성경에서는 이와 비슷하게 인간이 다른 동물에 대한 우월성을 가진다고 묘사한다. 첫번째 인간 아담은 신의 감독을 받으면서 동물들의 이름을 정한다. 데리다는 구약 성경에 대한 자세한 분석을 통해, 아담의 동물 이름 짓기는 동물 세계에 대한 인간의 절대적 권력을 승인하는 것이며 이후 그 질서는 인간의 언어로 구성되었음을 밝혔다(15-18쪽). 이러한 위계는 어떻게 서양 사유가 현재 동물과 관계하고, 동물을 지각하고, 동물과 소통하는지 알려준다. 왜냐하면, 에리카 퍼지가 『동물』에서 지적하듯이 기독교는 서양에서 인간 중심주의를 자연스럽게 받아들이도록 만들었다.

17세기에 유럽의 합리주의는 서양 사유를 지배했다. 이 움직임의 가장 중심적인 인물인 프랑스 철학자 르네 데카르트가 제시한 인간과 동물의 분리는 굉장히 많은 논란을 불러왔고, 현재에도 인간과 동물의 관계에 대한 논쟁들 중 특히 윤리에 관한 논쟁이 화두에 오를 때면 여전히 환기된다. 데카르트는 동물을 생각하고 느낄 능력이 없는 자동 기계 장치로 기술했고, 이는 비난을 받았다. 그에 따르면, 동물의 기계적 구성의 순수한 분석을 통해 동물의 행동도 설명할 수 있다. 데카르트적 사유는 동물에게는 사유와 공감을 느끼는 능력이 결여되었다는 다수의 동시대적인 관점의 기원이 된다.

유럽 계몽주의 시대 철학의 중심에는 사회적·정치적 논쟁 이전에 인간이 된다는 것은 무엇인가에 관한 질문이 놓여 있었다. 18세기 독일의 철학자 임마누엘 칸트는 자발성(willingness)이 동물과 인간을 구별한다고 믿었다. 칸트에 따르면, 자발성은 인간이 자신의 행동을 통제하고 도덕 판단에 맞춰 행동할 수 있도록 한다. 욕망을 통제할 수 없는 동물에게는 이러한 능력이 없다. 통제 능력의 결여는 자율성을 약화시키고, 타자들의 판단에 더욱 의존하게 만든다. 칸트가 개념화한 '선한 의지good will'는 좋은 일을 할 수 있고 도덕적 판단을 선보일 수 있는 능력이며, 주체에게 근원적 가치를 제공한다. 이러한 논리를 따르면, 동물은 가치가 없다. 그들은 선한 의지가 없기 때문이다. 다시 한번 동물은 인간을 정의하는 주요한 대리자가 되었으며, 인류를 다른 창조물보다 우월하도록 만드는 위계 역학을 유지하도록 만든다.

20세기에도 동물들에 대한 사유는 나아지지 않았다. 서양철학의 발전에 두드러지게 기여한 마르틴 하이데거와 임마누엘 레비나스의 글에서도 동물에 대해 진지하게 주목하는 모습은 찾기 어렵다. 하이데거의 가장 중요한 저작『존재와 시간』(1927)은 인간 이외의 존재들은 공백이 되어버리는 존재의 개념에 대한 성찰이다. 칼라코가『동물지학』에서 밝히듯이(15-54쪽),『존재와 시간』의 본질적인 인간 중심주의는 이 저작에서 가장 중요한 주장들(예를 들면 죽음에 대한)에 동물이 거의 나타나지 않거나 삭제되는 식으로 기능한다. 윤리에 대한 레비나스의 저작에서도 인간 중심주의가 문제다. 레비나스에게 타자 인식은 윤리적 응답의 시작인데, 항상 인간 타자에 한정되어 있다. 레비나스의 윤리는 타자의 행복에 대한 고려를 할 수 없는 동물은 이타적이 될 수 없다는 가정에 근거하고 있다. 왜냐하면, 윤리적 응답은 생물학적 욕구를 정지시켜야 하기 때문이다. 동물들이 신체 욕구를 통제할 수 없다는 점은 타자에 대한 배려의 실패를 의미한다. 칼라코는 레비나스 윤리학의 태생은 '존재의 생물학적 질서와의 단절'이고, 이 '단절'에서 '인간'이 출현한다고 설명한다(56쪽). 타자에 대한 배려의 능력이 인간을 만들며, 생물학적 동기로 정의되는 동물성에 의해 이끌리는 동물들과 거리를 두게 한다.

   인간 이해에 대한 서양의 사유는 이러한 관점들을 중심으로 발전해왔고, 현재 인간과 동물의 관계 및 소통에 영향을 미친다. 또한 자연 세계에 대한 인간 우위의 개념을 당연시하는 데에도 기여한다. 공연은 이러한 이론들의 영향에 의해 형성되었다. 인간이 주도하며 인간이 소비하는 모든 종류의 오락 속 동물들의 현존 및 처우는 당연시되고, 이에 대해 어떠한 반대도 없다. 어쨌든 연극과 공연은 인간 중심성에 도전하는 철학자들의 글에 어느 정도는 영향을 받아, 인간과 동물의 관계에 대한 탐색을 좀더 생산적으로 보는 관점을 형성하는 데 성공해왔다. 이러한 성공은 부분적으로는 그러한 관점이 없는 공연들에 대한 응답이기도 하다.

20세기와 21세기에는 서양 철학의 형이상학적 기획의 인간 중심주의적 속성을 노출시키려는 의도를 가진 영향력 있는 목소리들이 나타났다. 도나 해러웨이(Donna Haraway), 자크 데리다, 조르조 아감벤(Giorgio Agamben), 질 들뢰즈(Gilles Deleuze)와 펠릭스 가타리(Félix Guattari), 피터 싱어(Peter Singer)와 톰 리건(Tom Regan)의 저작들은 특히 공연이 어떻게 형이상학적 기획에 대응했는지 이해하는 데 유용하다. 이 저서들에는 공연의 요소와 맥락들이 포함되어 있기 때문에, 연극과 퍼포먼스 연구가 '동물에 대한 질문'을 다룰 때 결정적으로 작용한다. 데리다의 응시(gaze), 아감벤의 '인류학적 기계anthropological machine', 들뢰즈와 가타리의 여러 '되기' 중 하나인 '동물 되기Becoming Animal' 속의 변신과 확산 사유들, 해러웨이 저작 속 훈련의 개념화 등이 그러하다. 동물 권리에 대한 논쟁의 기초가 된 싱어와 리건의 공헌은 공연 속에 동물들의 참여를 이해하는 데 필수적이며, 공연 예술인인 레이철 로즌솔(Rachel Rosenthal)의 작품에 영감을 주었다. 이들의 관점과 개념화 과정은 이 책에서 구체적으로 논의될 것이다.

이러한 철학자들의 저작은 공연 관습의 맥락에서, 특히 세 가지 측면으로 생산적이다. 먼저, 이들의 사유나 텍스트에 직접 대답하고 있는 동시대의 공연들을 이해하는 데 큰 도움이 된다. 그리고 동물 참여에 대한 퍼포먼스 연구 논의의 틀을 제공해준다. 마지막으로 동물의 현전과 참여가 단지 수동적으로 주어지는 기존의 관습적인 공연에 도전할 수 있도록 한다.

반려 공연자와 생명 예술:
인간과 동물은 무대를 공유한다

레이철 로즌솔은 에세이 「동물들은 극장을 사랑한다Animals Love Theatre」(2007)에서, 공연 중 동물들의 현전에 대한 불편함을 표현한다. 로즌솔은 '나는 동물을 존중하고 공감하고 배려하는 예술가들을 거의 알지 못하는데…… 동물들을 예술의 맥락에 위치시키는 것은 동물에 대한 아주 오래된 태도와 동물들을 통제하고 상처 입히며 살해하는 우리의 필요를 감추지 못한다'고 했다(5쪽).

로즌솔은 연극을 해온 오랜 기간 동안 이러한 문제들에 정확하게 대응하려고 시도했는데, 공연에서 동물들이 두 가지 목적 중 하나를 성취하기 위해서 사용되었다고 믿는다. 동물들은 '다른 종에 대한 인간의 냉담함과 지배를 재현'하거나 '인간의 약점과 결점을 구현하고 재현하도록 의인화'했다 (5쪽). 인간은 살아 있거나, 박제되었거나, 훈련받았거나 야생 상태인 동물들을 공연에 등장시켜서 다른 종에 대한 지배를 보여주었다. '똑똑한' 돼지가 등장하는 쇼에서는 돼지가 방정식을 풀거나 단어의 스펠링을 맞추는 듯 보이도록 명령을 따르는 훈련을 받는다. 야생 동물들의 서커스, 승마, 수중 공연과 야생 동물 전시회에서는 동물들이 인간의 명령을 따르고 인간의 기술을 무대의 등퇴장 지시 신호에 맞춰서 행동하도록 습득하여 칭송받는다. 에드워드 올비(Edward Albee)의 〈염소 혹은 누가 실비아인가?The Goat, or Who Is Sylvia?〉(뉴욕 존 골든 극장, 2002년 초연)에 등장하는 염소 실비아나 마이클 모퍼고(Michael Morpurgo)의 〈워 호스War Horse〉(런던 국립 극장, 2007년 초연)의 주인공 말인 조이는 두 가지 목적을 충족한다. 우선 그들은 인간 주체성의 특정한 자질을 탐색하기 위한 인간의 발명이고, 인간의 관심사, 걱정, 욕망을 상징한다. 다른 식으로는 연극적 맥락 속에서의 두 동물의 실존은 공연의 재현 전략을 질문하거나 그 전략에 공헌하는 장치이다.

겉으로는 단순하게 보이는 로즌솔의 범주화는 인간의 일

반적 문화사와 특정 공연에 등장하는 동물의 역할을 조사할 경우 정확하게 나타난다. 어쨌든 이 책의 관심사는 공연이 동물 사용의 정형화한 방식을 극복하고 인간과 동물의 관계를 다르게 탐색할 수 있는 시발점이 될 수 있는지 결정하는 것이다. 이 부분에서는 공연이 인간과 동물의 주체성을 자세히 탐색하는 생산적인 장소로 어떻게 기능하는지 다룬다. 인간이 된다는 것과 동물이 된다는 것은 무엇을 의미하는지, 인간성과 동물성이라는 두 범주가 어떻게 계속해서 서로를 정의하는지 알아본다.

동시대의 공연 예술인들 중 영국의 키라 오라일리(Kira O'Reilly), 호주 출신 캐서린 벨(Catherine Bell), 프랑스의 오를랑(Orlan)과 바르타바(Bartaba), 그리고 미국인 레이철 로즌솔과 캐시 하이(Kathy High)가 동물에 대해, 혹은 동물과 함께 작업하고 있다. 이들의 몇몇 작업은 앞에서 언급한 철학자들의 글에 명시적으로 응답하거나, 이를 적용하여 보여준다. 다른 경우에는 철학자들의 글이 이 연극인들 작품의 특정 측면을 조명하는 데 도움이 된다. 이들의 작업은 공연이 인간과 동물의 분리에 관한 논쟁에 참여하고 있는 생산적인 공간임을 증명하고 있는 셈이다.

앞서 언급한 오라일리와 벨의 작업 중심에는 인간과 동물의 주체성, 정체성, 잡종성에 대한 관심이 나타난다. 두 사람은 여성의 몸을 강조하면서, 인간의 몸과 동물의 몸의 경계를 모호하게 만드는 시도를 함으로써 인간과 동물 사이 관계에 질문을 던진다. 예를 들면, 오라일리의 〈잘못되었다는곳에서Inthewrongplaceness〉(영국 펜잰스 타운 센터, 2006)와 벨의 〈장어 공중제비Head over Eels〉(호주 브리즈번 벨라스 갤러리, 1997)는 데리다가 창안한 『동물, 그러니까 나인 동물』의 주제 개념 '리미트로피limitrophy'에 대한 실천적 탐색으로 읽을 수 있다. 데리다는 이 개념으로 인간과 동물 사이의 한계에 대해서 연구하려고 했는데, 그러한 한계가 있는지에 대해서는 질문하지도 않았다. 데리다는 인간과 동물 주체들 사이에 비연속성이 있다고 믿었다. 그의 목적은 '이 심연의 한계, 이러한 가장자리들, 다원적·반복적으로 접히는 경계의 숫자, 형식, 감각이나 구조, 얇은 층으로 나뉘며 쌓이는 일관성'을 결정하는 것이다(30쪽).

오라일리와 벨의 공연은 이러한 경계에 대해 인간과 비인간의 몸들이 가지는 근접한 유사성을 노출시키며 질문한다. 〈잘못되었다는곳에서〉에서 오라일리는 나체로 등장하여 막

도살당한 돼지의 움직임들 여러 가지를 재현했다.• 이 공연에서 뒤얽힌 두 몸은 하나가 되었고, 관객들은 매우 가까이 접근하여 만져보고 생생한 공생을 목격하라는 초대를 받게 된다. 이 조우는 우리가 돼지와 얼마나 가까운가 반추하도록 만드는 데 효과적이었다. 돼지의 살은 전 세계에서 가장 많이 소비되는 고기이고, 오라일리의 공연에서 보여준 돼지와 인간이 얼굴을 맞대는 관계는 21세기 서양에서는 굉장히 드물다.

헬렌 콜(Helen Cole)은 학술지 『안테나』에 기고한 오라일리의 공연에 대한 리뷰에서 다음과 같이 지적한다. '키라(오라일리)의 팔다리가 죽은 돼지와 뒤얽혔고, 둘의 피부색이 워낙 비슷해서 어느 부분이 키라의 피부인지 곧바로 확실하게 알 수 없게 되었다.'(87쪽) 이 공연은 돼지와 인간이 얼마나 가까운가 환기하는 데에도 효과적이었다. 최근 연구에 따르면 돼지의 신체 기관을 인간에게 이식할 정도로 돼지와 인간은 유전적으로 가까우며, 인간과 돼지의 우울증 원인에 대한 연구를 통해 행동적으로도 유사하다는 사실이 입증되었다. 제

• 공연 사진은 여기에 있다. https://www.fact.co.uk/artwork/inthewrongplaceness

니퍼 파커스타벅(Jennifer Parker-Starbuck)은 2007년 발표한 논문 「돼지 몸과 식물 인간 상태Pig Bodies and Vegetative States」에서 오라일리의 프로젝트는 조직 검사들을 섞는 과정을 통해 돼지의 세포와 자신의 세포를 병합시키려는 의도가 담긴 생명 예술(bio-art)이라고 설명한다. 오라일리는 이 공연을 경계들과 관계하여 자기 자신을 알아가는 과정으로 이해한다.

나는 제정신이 아니다.

생체 검사와 세포 분리, 배양이라는 과정을 거치며 기술의 전유와 정교함을 통해 '자기 자신'을 확장하고, 그 확장된 존재를 더는 '자기 자신'으로 간주할 수 없기에 '자기 자신'을 잊고자 하는데, 어떻게 몸과 생명 예술에 대해 글을 쓸 수 있겠는가(파커스타벅, 144쪽).

인간 몸의 한계와 다른 종들을 포함한 다른 몸들과의 오염에 대한 사유는 오라일리의 다른 작품들에서 드러나는 관심사이기도 했다. 예를 들면, 〈부패한 시각들의 사무국/집합 DNA 추출Bureau of Decayed Visions/Collective DNA extraction〉(코펜하겐, 2009)에서는, 관객들이 기부한 DNA를 튜브에 넣어 섞은 뒤, 오라일리의 질 속에 삽입했다. 온라인에 공개된 〈손가락 줄

Finger Webs〉(2009)에서는 거미가 오라일리의 손가락 사이에 거미줄을 쳤다.

벨의 공연 〈장어 공중제비〉는 인간을 탈중심화하려는 비슷한 시도다.• 인간과 동물의 몸을 서로의 경계가 희석될 수 있는 곳에 두었다. 벨은 꽉 조이는 라텍스와 네오프렌으로 만든 슈트를 머리부터 발끝까지 입고, 장어로 가득 찬 수영장으로 들어갔다. 벨의 몸은 수영장의 어두움 속에서 뚜렷하게 보이지 않았다. 그리고 벨의 몸이 지닌 인간성은 자신보다 훨씬 더 많은 숫자로 에워싸고 있는 동물들과의 근접성으로 인해, 축축하고 끈적끈적한 잡종으로 변신했다. 이것은 〈잘못되었다는곳에서〉와 마찬가지로 개연성이 없는 만남이다. 장어는 먹을 수 있다고 알려졌고 음식으로 소비된다. 따라서 인간과 장어의 소통은 먹거나 애완동물로 키우는 이상을 넘지 못한다. 벨의 퍼포먼스는 잡종성이 인간과 동물을 이해하는 하나의 방식임을 환기한다. 퍼포먼스가 벨의 몸과 장어들의 몸을 물질의 연속체 속으로 위치시킴에 따라, 벨은 장어들 사이에서 거의 알아볼 수 없었다. 이렇게 벨의 퍼포

• 공연 사진은 여기에 있다. https://suttongallery.com.au/artists/catherine-bell/

먼스는 오라일리의 퍼포먼스처럼 '인간성'과 '동물성'이라는 두 범주 사이 경계를 구부림으로써, 두 개념의 엄격성에 대해 반추하도록 한다.

영화 연출가이자 공연 예술가인 캐시 하이의 영화 〈릴리가 데리다를 하다: 개의 비디오 에세이Lily Does Derrida: A Dog's Video Essay〉(2010)는 데리다의 『동물, 그러니까 나인 동물』에 대한 직접적인 대답이다. 하이가 보여주는 공연은 대부분 인간과 동물의 구별을 파악하려고 한다. 그 중 현재까지 진행되는 프로젝트인 〈동물 껴안기Embracing Animal〉는 이미 2004년부터 2006년까지 여러 공연과 전시회를 열었다. 이 프로젝트는 유전자 이식 쥐 세 마리의 생명을 구하고 연장시키는 실험으로 관객들에게 동물들을 이용하는 과학 실험에 대해 알린다. 하이는 '나는 이 쥐들이 가능한 오래 살도록 하기 위해서 샀고, 유전자 이식 전의 상태로 돌아가면 건강해질 수 있는지 알고자 했다'고 설명한다(〈동물 껴안기〉웹페이지).• 2005년 매사추세츠 현대 미술관에서 개최된 〈동물 껴안기〉의 퍼포먼스 전시에는 하이가 쥐들을 위해 만들어둔 생활 공간 속에

• https://www.kathyhigh.com/projects/embracing-animal/

연극 그리고 동물들

실험실에서 나온 쥐 세 마리가 있었는데, 이는 응시를 통해 인간과 동물의 소통을 강화해보려는 시도였다. 쥐들은 내부가 잘 보이는 튜브, 경사로, 울타리 사이를 자유롭게 돌아다녔다. 관객들은 쥐들과 얼굴을 마주보고, 페스트를 옮기지만 인간의 생명을 구원하고 있는 쥐들과 관객 자신이 맺고 있는 역설적인 관계에 대해 곰곰이 생각해보도록 유도되었다. 하이는 '쥐들은 자신들과 이 연구를 소개하고자 전시되었고, 이 특별한 실험실은 쥐들의 인간에 대한 관찰을 확대하고 쥐들의 삶을 연장하기 위해서 개발'되었다고 했다(위의 웹페이지). 인간과 동물이 동시에 관찰하고 관찰을 당하는 만남의 양방향 시선 두기는 인간이 일반적인 동물들, 이 경우에는 쥐들과 구축한 서열 관계를 어떻게 받아들여야 하는지에 대한 고민의 시작이다.

오라일리, 벨, 하이의 퍼포먼스는 들뢰즈와 가타리의 공동 저작 『천 개의 고원 A Thousand Plateaus』(1987)에서 발전시킨 개념인 '되기'로 이해할 수 있다. 이 책에서는 인간과 동물 사이의 틈을 지목하고 다시 평가하는 방식으로, 그 틈에 대해 생각할 기회를 제공한다. 틈 사이 거리를 사유하면서 인간은 '되기'의 과정에 접어들게 되고, 자기 자신을 '팽창, 증식, 점유, 가득 채움의 방식'들과 관련하여 정의한다(239쪽). 들뢰즈와 가타리의 시각에서 동물과 인간은 고정된 범주가 아니라 과정인 '되기'인데, '되기' 속에서 경계는 열리고 병합하는 기회이다. 이러한 과정은 말하기를 통해 발생하지 않는다. 인간이 동물이라고 말하는 것으로는 전혀 충분하지 않다. 대신 들뢰즈와 가타리가 휴고 폰 호프만스탈(Hugo von Hofmannsthal)의 쥐의 죽음에 대한 관찰을 예로 들어 설명하듯이 세포 단계에서 발생하여 감응한다.

> 이것(쥐의 죽음)은 완전히 다른 개별자들을 포섭하는 속도와 감응의 구성, 공생이다. (중략) 쥐와 인간은 전혀 같지 않다. 하지만 존재는 더는 말들이 아닌 하나의 언어로, 더는 형태가 아닌 하나의 물질로, 더는 주체가 아닌 하나의 감응 가능성으로 둘을 표현한다.

들뢰즈와 가타리에게 쥐와 인간은 언어로 정의된 범주들이다. 언어는 그 둘을 나누고 분리한다. 어쨌든 존재의 행위는 공유되고, 언어, 형태, 범주의 외부에서 이러한 분리들은 극복될 수 있다. 캐시 하이의 유전자 이식 쥐들은 개별 범주들이 인간과 동물의 전통적인 정의와 다투는 치환, 교환, 그리고 '되기'에 의해 도전받는 팽창의 사유에 대한 대답이다. 오라일리의 퍼포먼스와 다른 생명 예술 실험들에서 인간과 동물의 형태는 육체적으로 감응하는 식으로 병합되고, 인간에게 종이라는 것이 무엇이고 다른 종들과 동화하고 다른 종과 함께 팽창하고 들어가는 가능성과 관련하여 어떤 의미가 될 수 있는지 생각하도록 한다. 예를 들면 오를랑의 〈할리퀸의 코트Harlequin's Coat〉(2008)에서는 아크릴(Plexiglas) 코트가 오를랑과 소 한 마리를 포함한 다른 종들의 세포들로 차 있다.•

　프랑스 출신 연출가이자 말 조련사인 바르타바는 앞선 생명 예술 실험과는 별개로, 퍼포먼스를 통해 동물과 관계를 구축하는 가능성에 관심을 보였다. 그는 자신의 극단 징가로와 함께 30년 이상 승마 쇼를 창작해왔다.•• 그가 계속 해온 여러 종과의 조우는 예술과 삶 사이의 경계에 대한 무시에서 시작했다. 그는 징가로의 정기 공연이 열리는, 목재로 지은 극장이 있는 파리 외곽의 포르 도베르빌예에서 말과 함께 살고 있는데, 인간과 동물의 관계에 대한 탐색은 퍼포먼스를 넘어 삶의 방식의 하나라고도 주장한다. 징가로의 퍼포

•　https://www.alyian.com.au/orlan-the-harlequins-coat

••　https://www.bartabas.fr/zingaro/le-theatre/?lang=en

먼스는 범주화를 거부한다. 그들의 공연에는 인간과 말이 중심에 있으며, 서커스, 마상 기술, 시와 음악이 결합되는데, 때로는 다른 동물들도 등장한다. 바르타바는 징가로를 말들이 주인공인 무용단으로 정의하고, 이와 유사하게 자신의 퍼포먼스는 인간과 동물 사이의 대화라고 규정한다. 비록 동물을 공연에 억지로 참가하게 이용한다고 주장할 수도 있겠지만, 그는 동물에게 자기 의지를 강요하지 않는다. 대신 인간과 말이 함께 창조하는 퍼포먼스가 되도록 말에게 제안을 한다. 2011년 2월, 영국 신문 〈가디언〉에 실린 주디스 매크럴 (Judith Mackrell)과 바르타바의 인터뷰에서, 그는 '마상 기술 대회에서 말의 모든 동작은 매우 정확하게 통제되어야 하지만, 나는 말이 자기의 방식대로 움직이도록 하고 싶다'고 설명한다. 그에 따르면 '말의 활기로 (공연)하는 것은 매우 기묘'하다고 한다. 그는 말과 함께 오랫동안 살고 함께 일했기에 인간과 동물 연기자 사이에 신뢰가 구축되었다고 주장할 만하다. 바르타바는 런던의 새들러스 웰스 극장에서 〈켄타 우로스와 동물Le Centaure et l'animal〉(2010)을 공연하면서 무용 잡지 『인사이드 댄스』와 인터뷰를 했는데, 자신의 공연은 '인간과 말의 관계, 그리고 말과 소통하는 방식이 다른 사람들과 소통하는 방식과 같기 때문에 인간들 사이의 관계'를 설명하려는 시도라고 밝혔다.

바르타바는 〈켄타우로스와 동물〉에서 보여주는, 인간이 되는 것은 무엇이고 동물이 되는 것은 무엇인지에 대한 신화적인 탐색은 자신과 말 네 마리, 그리고 일본 현대 무용 부토의 무용수 코 무로부시(Ko Murobushi)가 협업함으로써 확고해졌다고 말했다. 이 공연의 의도는 인간과 동물의 경계를 지우는 것이다. 은색으로 칠한, 거의 나체인 무로부시의 몸이 뒤틀리고, 움직이기 시작하고, 흔들리면서, 인간 몸의 한계를 거부했다. 반면 바르타바의 말들은 차분하고 정확하게 공연했다. 공연의 어떤 지점에서 인간과 말은 합쳐지는 듯 보이고, 명암의 배분에 따라 말의 머리가 인간의 머리가 되고 인간의 몸이 말의 몸이 된다. 바르타바는 앞선 인터뷰에서, 켄타우로스는 '인간도 아니고 말도 아니며 둘 사이의 누군가'라고 설명했다. 말의 몸이 아닌 다른 유일한 몸은 무로부시의 몸이기 때문에, 관객은 제목의 '동물'이 누군인지 궁금해하게 된다.

〈켄타우로스와 동물〉은 우나 차우두리가 자기 논문 「동물을 마주(안)하기」에서 제안한, '동물 연구와 동물 예술은 강박적으로 소환되며', '타자로서 동물은 마주봄을 당하게 된다'는 경험을 다룬다. 켄타우로스가 인간과 동물 사이 소통의 구현이자 인간과 동물의 분리에 대한 도전으로 나타나기에, 이 공연은 들뢰즈와 가타리가 제안한 범주 지우기와 접점을 갖는다. 켄타우로스는 잡종이고 익숙한 몸에 익숙하지 않은 얼굴을 가지고 있으므로, 고정되었다고 여겨진 범주에 질문을 하게 된다. 이 공연은 동물과 인간이 하나지만 역시 분리된 개별체들인 신화적 공간을 열어젖힘으로써, 관객들에게 이러한 한계들을 다시 생각해보게 한다.

바르타바가 말들과 함께 하는 삶과 예술은 도나 해러웨이의 반려종에 대한 생명 철학적인 글들을 연상시킨다. 해러웨이는 자신의 글 「사이보그 선언The Cyborg Manifesto」(1985)에서 사이보그(인공 두뇌 조직과 생물학적이고 기계적인 부속들로 만들어진 잡종)의 은유를 사용하여 페미니즘과 정체성 이론에 도전했다. 이 글은 1985년에 『사회주의자 비평』에 게재되었고, 나중에 해러웨이의 책 『유인원, 사이보그 그리고 여성Simians, Cyborgs, and Women』에 실렸다. 이 잡종 정체성은 해러웨이로 하여금 자연과 문화, 인간과 동물과 같은 확고하게 규정되고 사회적으로 구성된 분리들을 와해할 수 있게 해준다. 인간과 동물 관계에 대한 해러웨이의 이해는 '우리는 한 번도 인간인 적이 없었다'는 가정에서 출발한다. 인간이나 다른 동물의 몸들은 다양한 입자, 세포 그리고 기관 들로 구성되어 있기 때문이다. 『종들이 만날 때 *When Species Meet*』(2008)에서, 해러웨이는 긍정적으로 인간과 동물의 조우를 서술한다.

> 나는 인간 게놈이 내가 몸이라고 부르는 이 흔한 공간을 차지하고 있는 세포들의 10퍼센트에서만 발견될 수 있다는 사실이 무척 마음에 든다. 나머지 90퍼센트의 세포들은 박테리아, 곰팡이, 원생생물의 게놈으로 가득 차 있을 것이고, 나는 나의 아주 작은 반려자들에 의해 완전히 압도되고 있다(3쪽).

'반려'는 해러웨이가 자신의 반려견 카엔페퍼와 함께 어질리티● 경기에 참여한 경험에서 왔다. 반려를 통해, 그리고 경기 놀이, 변신, 관찰, 훈련을 통해, 해러웨이와 카엔페퍼는 만날 수 있었다. 해러웨이가 『종들이 만날 때』에서 설명하듯이, 이 만남은 '파트너가 되어가는' 과정인데, 여기서 '개와

● 개와 보호자가 한 조가 되어 여러 가지 장애물을 뛰어넘는 경기다. 영국의 오래된 도그 쇼 〈크러프츠Cruft's〉에서 시작되었다.

인간이 어떻게 서로에게 관심을 갖는지 배우면서, 둘이 함께, 누가, 무엇이 되는지를 변화시킨다'(209쪽).

퍼포먼스와 퍼포먼스 어휘들은 인간과 동물의 조우를 가능하게 하는 데 가장 중요하기에, 이 조우의 중심에 다시 위치한다. 동물에 대한 데리다의 사고는 연극적 경험과 비슷한 상황에 의해 촉발되었다. 그는 샤워를 마치고 나와서 고양이가 자신을 보고 있음을 알게 된다. 고양이는 인간이 사고라고 부르는 과정을 시작한다. 둘 사이 응시의 만남은 이 조우를 시작하게 한다. 들뢰즈와 가타리의 '되기'도 유사하게 연극적이다. '되기'는 변신하고, 변신을 필요로 한다는 점에서 퍼포먼스다. 해러웨이, 데리다, 들뢰즈와 가타리가 이해한 동물과 인간 사이 관계의 무대에서 볼거리와 볼거리로서의 극장(공연 공간)과 공연의 수행성, 즉 변형 능력은 필수적이다. 퍼포먼스 실천이 동물에 대한 질문과 관련되며, 동물에 대한 질문이 퍼포먼스를 통해 제기되는 것은 놀랍지 않다. 연극과 퍼포먼스 예술인들과 동물을 연구하는 학자들은 퍼포먼스와, 퍼포먼스의 어휘들, 방법론들의 이러한 관계를 다시 사유하기 위해 사용한다. 다음 장에서 설명하겠지만, 퍼포먼스는 인간에 대한 동물 예속의 역사와 겨뤄야 한다. 특히 살아 있는 동물들에 대해서 더욱 그래야 한다. 나는 이 장에서 설명한 '되기'가 역사적 불균형을 바로잡을 방법을 제시할 수 있을지 궁금하다.

퍼포먼스에서
동물의 윤리를 향하여

이 부분에서는 윤리적 관점에서 동물의 퍼포먼스를 다룬다. 이러한 목적을 위해 레비나스의 윤리 개념들을, 칼라코가 『동물지학』에서 '타자의 얼굴로 인하여 질문을 하게 되는' 행동으로 이해한 방식대로 확장한다(5쪽). 그리고 그 '타자'가 비인간 타자가 될 수 있는지 가능성을 탐색한다. 퍼포먼스에서 동물과 관련한 윤리적 고려들은 동물들이 어떻게 대우받고 재현되는지뿐만 아니라, 연극과 퍼포먼스 연구가 동물의 현전을 어떻게 보고 있는지에 대한 조사도 필요하다는 것을 생각하게 만든다.

데리다는 『동물, 그러니까 나인 동물』에서 서양 철학의 중심이며 동물을 향한 인간의 일반적 태도의 징후인, 동물에 대한 '지극한 부인immense disavowal'에 도전을 시작한다(14쪽). 나의 경우, 연극과 퍼포먼스가 어떻게 데리다의 고찰에 대답하고 있는지 살펴봄으로써 퍼포먼스 속 동물에 대한 윤리 탐색을 시작했다. 앨런 리드(Alan Read), 우나 차우두리, 제니퍼 파커스타벅과 같은 학자들은 퍼포먼스가 인간 중심적이거나 인간이 주도하는 활동을 명명한다는 고정된 가정을 폐기하려는 시도로, 동물이 포함된 연구의 한 가닥을 추구했다. 리드의 『연극, 친밀함, 관계함Theatre, Intimacy and Engagement』(2009)은 그 고정된 가정에 대해 전면적으로 문제를 제기한다. 이 책의 두번째 장, 「퍼포먼스 그 자체 그리고 특히 인간의 퍼포먼스」에서 리드는 발터 벤야민의 용어인 '그 자체as such'를, 퍼포먼스 일반, '퍼포먼스 그 자체'와 특정 퍼포먼스 사이에 구별을 창조하여 특정 존재자가 지극히 자연스럽게 일반 존재가 되어버리는 개념들의 역학을 약화시키기 위하여 사용한다(82쪽). 리드에 따르면, 이러한 자연스러움은 퍼포먼스에서 인간적인 것 말고는 다른 가능성을 생각하지 못하도록 하는데, 퍼포먼스 연구자들이 집중한 퍼포먼스 대부분이 실제로 인간 중심적이었기 때문이다. 결국은 리처드 셰크너

(Richard Schechner)가 '비록 몇몇 종들이 속임수에 특별한 능력을 보이지만, 동물 퍼포먼스 대부분은 자동으로 나타나고 (released), 고정되며, 유형화한다'고 관찰한 대로, 퍼포먼스를 인간만의 장으로 이해하도록 이끌게 된다(107쪽).

같은 장 뒷부분에서, 리드는 아감벤이 자신의 저서 『열림 *The Open*』(2004)에서 비인간의 반대로 인간이 스스로를 정의하는 매커니즘으로 설명한 개념인, '인류학적 기계'를 다룬다. 아감벤은 인류학적 기계가 '이미 그 자체인 인간에서 인간이 아닌 것을 배제하고, 인간 속에서 인간이 아닌 것을 소외시키면서 인간을 동물화하는 기능'이라고 설명한다(37쪽). 리드는 퍼포먼스 연구가 '인간과 다른 동물들의 분리를 긍정하고 저항하게 하는' 인류학적 기계로 기능한다고 믿는다 (82쪽). 리드는 이 문제에 대한 해결책으로, 생명을 특정 종들과 관련시키지 않고 이해하는 방식을 제공한다. 아감벤이 '동물도 아니고 인간도 아닌 생명'이라고 묘사한(37쪽) '벌거벗은 생명bare life'은 모든 종이 참여하는 퍼포먼스의 중심에 있는 생명이다.

이러한 재개념화(reconceptualisation)를 통해, 퍼포먼스 연구는 동물의 퍼포먼스를 데카르트의 영향을 받은 셰크너의 용어처럼 '자동으로 나타나거나' 혹은 기계적인 것이라고 보지 않게 된다(107쪽). 대신 동물들을 훈련받았거나 훈련이 가능한 연기자로 이해하고, 자신의 창조성을 공연 도중 발휘하게 되는 주체로도 이해하도록 만든다. 또한 퍼포먼스 연구의 책임을 확장시키고 퍼포먼스를 인간 중심으로만 보지 않게 하는 기회도 제공한다. 동물들의 현전은 그 자체로, 공연 예술인, 관객, 학자, 학생 들 모두에게 자신들이 현재 가지고 있는 접근 방식과 방법을 다시 숙고하라고 요구한다. 동물들의 대리인에 대한 재조정도 요구되는데, 동물들은 공연에서 단지 대상이 아니라 스스로에 대한 능동적인 행위자이다.

공연 예술인들은 공연에서 인간의 지배를 약화시키기 위해 동물을 공연에 통합시키는 방식을 활용하여, 데리다가 정의한 부정(disavowal)을 다루려고 시도했다. 공연 대부분에서, 동물들은 인간들의 재미와 오락을 위해 공연하도록 훈련받은, 예속된 타자를 계속 재현하고 있다. 이것은 공연이 오랜 기간 지속된 위계 패러다임을 당연시함으로써, 데리다가 인식한 부정에서 하나의 역할을 한다는 의미이다. 어떤 공연 예술인들은 동물들을 단지 대상으로 사용하는 이상으로 두고, 함께 일하면서 이 문제를 다루려고 했다. 그러나 동물들이 공연에 참가하려고 (안)하는 경향은 니콜라스 라이다우트(Nicholas Ridout)가 「연극 산업에서 동물의 노동Animal Labour in the Theatrical Economy」(2004)에서 지적하듯이, 동물 연기자의 필요와 욕망을 생각하고 있다고 믿는 공연 예술인들의 작품에서도 나타나게 된다. 동물의 윤리적 공연 참여, 혹은 공연에 포함됨을 다룰 때, 무엇이 옳다거나 그르다고 결론을 내리려는 것은 아니다. 단지 지난 20년 동안 공연 속에 동물의 현전과 함께했던 논쟁들을 제시하고자 한다.

동물은 거기 있고 싶은가? 행위자와 책임

이 책은 동물 공연의 한 예로 시작했다. 로드리고 가르시아의 〈해진 뒤〉에서, 관객들은 토끼가 등장하는 장면은 옳지 않다고 생각하기에 극장을 떠났다. 이제 세 가지 예를 더 들어 동물에 대한 공연의 책임에 대해 논의하겠다. 첫번째 예는 가르시아의 다른 작품인 〈사고들Accidens〉(이탈리아 프라토 유로피아나 페스티벌, 2005)에서는 살아 있는 랍스터를 죽인 뒤 요리해서 인간 배우가 먹는다. 두번째는 전 세계 서커스에서 동물을 학대하고 있다는 점이다. 서커스에 출연하는 동물들은 육체적·심리적 고통을 겪는다. 이 동물들은 상당히 좋지 않은 자리에 놓이고, 사슬에 묶이고, 매질을 당하고 찔리며, 아주 어릴 때 교미를 강요당하며, 태어나자마자 어미와 분리된다. 서커스에서 동물들에 대한 이러한 대우는, 비록 논쟁과 항의가 자주 뒤따르지만 서양에서 자주 목격된다. 그리고 애니멀 아시아와 같은 기관의 보도에 따르면, 동양에서도역시 비슷하게 자주 목격되며, 철사 위 걷기, 불타는 링 뛰어넘기, 거꾸로 서 있기, 권투를 여전히 공연한다. 아무리 페타(PETA, 동물을 인도적으로 사랑하는 사람들)와 같은 단체에서 캠페인을 진행하더라도, 서커스 동물에 대한 학대, 특히 코끼리에게는 더욱 좋지 않은 이런 학대를 알 리가 없는 서커스 관객에게는 보이지 않는다. 〈사고들〉과 같은 경우와는 달리, 서커스에서 동물에 대한 학대는 공연의 일부가 아니다. 세 번째 예는 런던을 비롯한 전 세계 여러 도시의 상업적 무대에 등장하는 동물 연기자들이다. 상업적으로 성공한 뮤지컬 〈금발이 너무해〉(런던 사보이 극장, 2010)에는 개, 〈티파니에서 아침을〉(런던 헤이마켓 극장, 2010)에서는 고양이, 〈오즈의 마법사〉(팰라디움 극장, 2010)에서는 개와 가짜 사자, 그리고 〈베티

블루 아이스〉(런던 노벨로 극장, 2010)에는 애완 돼지가 각각 등
장했다.

동물과 인간의 소통은 윤리적인 문제를 자주 불러일으킨
다. 19세기 이후, 동물 보호 단체의 설립, 대륙별로 상이한
동물 복지법 제정과 시행으로 동물의 처우는 면밀히 감시되
고 있다. 동물 복지법은 폐쇄적인 국가일수록 제대로 지켜지
지 못하거나 아예 무시당하기도 한다. 동물들이 음식이나 약
재로 사용되는 경우들은 페타, 세계동물보호협회, 휴메인 소
사이어티, 왕립동물학대방지협회와 같은 단체들의 지속적
인 걱정거리였다. 1984년에는 미국에서 공연이나 서커스를
강요받는 동물들을 보호하고 구출하는 단체가 설립되었다.
이 단체의 이름은 공연동물복지협회(Performing Animal Welfare
Society)이며, 공연이나 연예 산업에서 동물이 사용되는 방식
을 감시하고 '학대받고, 버려진, 나이가 많은, 사로잡힌 야생
동물'들이 여생을 편하게 보낼 수 있는 보호소를 운영한다.
아마도 공연에서 동물 보호법이 거의 지켜지지 않기 때문에
이러한 단체들이 존재하는 것이라고 볼 수 있다.

동물권과 동물 복지 운동의 차이는 톰 리건, 피터 싱어, 로
버트 가너(Robert Garner)의 저작에서 살펴볼 수 있는데, 이

들 사이의 논쟁은 지난 몇십 년 동안 동물 처우에 대한 윤리적인 접근을 보여준다. 캐스 선스타인(Cass R. Sunstein)이 엮은 『동물권Animal Rights』(2004)에서, 마사 누스바움(Martha Nussbaum)은 '우리를 없애거나 더 나은 우리no cages or better cages'라는 구절로 동물의 처우에 대한 대립된 두 방향의 접근을 요약한다. 우리를 없애자는 접근은 동물을 음식이나 약재, 오락 산업에서 사용하는 것을 금지하자는 동물권을 주창한다. 좀더 개선된 우리를 사용하자는 입장은, 동물들의 처우를 감시하고 법도 준수한다는 조건 아래에서 이러한 산업에 동물들이 참여하는 데에 동의한다. 서커스나 볼거리에서 동물의 현전을 고려할 때, 이러한 논쟁은 살아 있거나 재현된 동물이 반드시 거기에 있어야 하는지에 대한 근원적 질문을 촉발한다. 이 장에서는 앞에서 언급한 예를 검토하고 의인화, 재현, 그리고 고통을 사유하면서, 퍼포먼스에서 동물의 현전을 다룬다.

마이클 피터슨(Michael Peterson)의 논문 「동물 장치The Animal Apparatus」(2007)는 동물 퍼포먼스의 윤리에 대한 생산적인 생각의 시작점이다. 피터슨은 이 주제를 다루면서 너무 자주 동물권의 관점으로만 접근했다. 이는 동물의 퍼포먼스 경험이 우리 인간의 관점으로만 사고되었다는 의미이다. '동물은 고통받는가' 혹은 '동물은 출연하고 싶었나'와 같은 질문들은 감응력(sentience), 행위성(agency), 공유된 취약함과 같은 개념들을 통해 인간의 느낌과 경험을 동물에게 투사하는 것이다. 또한 이 질문들은 동물 행동 생태학에 의존한다. 피터슨에 따르면, 윤리와 관련하여 공연 속 동물을 다루는 좀더 생산적인 방식은 퍼포먼스를 '인간과 동물 사이의 사회적 관계의 구성'으로 읽는 것이다(34쪽). 이런 식으로 동물 퍼포먼스의 윤리는 동물이 공연에 출연해야 하는지 말아야 하는지와 같은 질문과 전혀 다르게 시작한다. 동물은 우리가 그걸 보고 싶든 그렇지 않든, 이미 거기에 있다. 그렇기에 피터슨의 관점대로, 우리는 어떻게 인간이 동물과 관계하는지에 대해 동물의 현전이 무엇을 말하는지 살펴봐야 한다.

하지만 관객은 퍼포먼스에서 살아 있는 동물의 현전을 둘러싸고 있는 물질적 조건을 무시할 수 있는가? 피터슨의 접근 방식은 관객들이 동물들의 처우는 무시하고 대신 그들이 어떻게 인간에게 재현되는지에 관심을 가지라는 뜻인가? 가르시아의 〈사고들〉에서는, 살아 있는 랍스터를 죽이는 행위를 통해 동물은 죽음을 당하고 먹힌다는 가정, '먹기 위해 죽인다'는 부제 그대로 동물을 살해하는 행위의 사라짐, 살아 있는 존재를 고문함과 같은 인간적 문제들을 탐구할 기회를 제공했다. 관객들은 이 공연이 동물의 죽음을 통해 인간 생명의 가치에 대해 성찰하는 듯 보인다는 사실, 즉 랍스터의 죽음이 진행되는 동안 자동차 사고와 같은 인간의 연약함에 관한 일련의 텍스트가 투사되는 것을 무시해서는 안 된다는 점을 기억해야 한다. 더욱 중요한 것은, 피터슨의 접근이 관객들에게 랍스터의 실제 죽음을 못 본 것으로 하도록 요구했다는 점이다. 서커스의 동물 묘기와 같이 여러 종의 동물들이 등장하는 퍼포먼스는 동물과 인간 사이 사회적 소통의 재현으로도 읽힐 수 있다. 동물이 가진, 어려운 묘기를 부릴 수 있는 능력과 재주는 분명히 동물과 자연 세계 일반에 대한 인간의 통제를 묘사하는 것이다. 이런 식의 읽기는, 이 동물들이 어떻게 공연하도록 만들어졌으며 공연장에 없을 때에는 그들에게 어떤 일이 일어나는지를 무시하는 것이다.

공연에 참가하는 동물들에 대한 윤리적인 고려는 지켜보기에 대한 질문으로 직접 연결된다. 극장 안에 있다면 우리는 필연적으로 공연에 참가하는 경험을 하게 되는데, 이것은 인간과 동물의 이러한 관계들을 인정한다는 의미인가? 우리는 공연이 고의적이든 고의적이지 않든, 제안하고 있는 이데올로기와의 접촉을 끝내기 위해서 〈해진 뒤〉의 관객들처럼 극장에서 나와야 하는가? 피터 싱어가 이 문제를 분명히 다뤘다. 싱어의 응용 윤리학은 18세기 철학자 제레미 벤덤이 보여준 공리주의적 입장의 동물권을 계승한다. 이 계승은 싱어의 가장 영향력 있는 저작 『동물 해방*Animal Liberation*』(1990, 1995)에서 설득력 있게 설명한, 평등 개념에 근거를 둔 윤리로 나타난다. 싱어에게 모든 종은 평등하지만, 조건은 평등하지 않다. 대신 모든 종은 각각의 종에 특정한 조건으로 평등하다(5쪽). 싱어가 설명한 평등 개념의 핵심은 '존재의 이해에 대한 고려, 백인이든 아프리카계든, 남성이든 여성이든, 인간이든 비인간이든 모든 존재의 이해로 확장되어야만 한다'는 점이다(5쪽). 고려되어야 할 필요는 인종, 젠더 혹은 종에 의해 집단적으로 식별되는 것이 아니라, 각 개별 주체의 입장에 맞춰져야 한다. 존재는 자신의 권리가 고려되어야 하기 때문에 고통이나 행복을 반드시 입증해야 한다. 싱어에 따르면, '어떤 존재가 고통을 받는다면, 그 고통이 고려되어야 하는 것을 거부하는 어떠한 도덕적 정당화도 가능하지' 않다(8쪽). 그렇다면, 〈사고들〉에 등장하는 랍스터들은 고통받는가? 그들이 고통받는다고 믿는다면, 그 랍스터의 고통과 인간이 주도하는 퍼포먼스에 매년 참가하는 동물들 수백만의 고통은 살아 있는 동물들의 공연 속 현전을 비난하는 이유가 되는가? 싱어의 주장대로라면, 〈사고들〉에서 나타나는 철학자들이 인종주의나 성차별주의의 역학과 결과와 동일시한 종 차별(speciesim)은 비난받아야 한다. 종 차별은 말하자면, '자신이 속한 종의 이익을 위하여 다른 종의 구성원에 대해 갖는 선입관이나 편견의 태도'를 말한다(6쪽). 〈사고들〉은 이 공연이 포함하고 있는, 랍스터를 죽이고 먹는 행동으로 음식으로서의 동물, 인간의 재산으로서의 동물들과 같이, 동물들이 재현하는 사회적 관습에서 인간이 가졌다고 생각하는 자연 세계에 대한 주권의 한 예다. 싱어의 관점으로 보자면, 랍스터를 죽이는 것은 옳지 않다. 그 동물이 살 권리를 침해하기 때문이다.

이러한 관점에 따르면, 동물이 죽음을 당하든 아니든 공연에 포함되어 있다면, 그 동물들의 권리가 간과되었기 때문에 비난받을 수 있다. 살아 있는 동물을 등장시키는 공연들은 동물들이 공연에 참가하기를 원하지 않을 수도 있다는 사실과 동물들의 고통을 받지 않고 살아 있을 권리를 더욱 결정적으로 무시한다. 더욱이 스티브 베이커(Steve Baker)가 「"자세히 보려고 살해한다"》"You Kill Things to Look at Them"」(2006)에서 제안하듯이, 예술에서 동물의 현존은 역효과를 낳을 수 있다. 몇몇 경우에, 동물의 몸은 관객들에게 공연이 부단히 제기하는 철학적 질문을 가로막는 '너무도 큰 방해물'이 될 수 있다(72쪽). 동물은 공연이 자기 현전의 물질성을 뛰어넘는 것을 방해할 수 있다. 〈사고들〉의 랍스터 살해가 만들어낸 충격은, 예를 들자면, 관객들이 그 죽음이 무엇을 의미하는지에 대해 생각할 수 있도록 하지 못한다.

『랍스터에 대한 고려 및 에세이들*Consider the Lobster and Other Essays*』(1995)에 수록된 데이비드 포스터 월리스(David Foster Wallace)의 글 「랍스터에 대한 고려」는 공연과 관련하여 또다른 유용한 개념인 '선호preference'를 소개한다. 월리스는 해마다 열리는 메인 랍스터 축제에 대해 쓰면서, 랍스터들이 조리될 때 경험해야 하는 고통에 대해 생각했다. 이는 동물을 먹는 것에 대한 윤리로 이어졌다. 그는 감각에 대한 다양한 철학적 접근을 참고하면서, 동물이 선호하는 것을 전시함으로써 동물에 대한 처우에 대해 깊이 생각할 수 있도록 한다고 결론을 내린다.

추상적으로 이해를 한 이후에도, 여전히 미친 듯이 덜컹거리는 뚜껑이 냄비 가장자리에 불쌍하게 느껴질 정도로 붙어 있는 모습은 남아 있다. 스토브 위에서 본다면, 살아 있는 생명체가 고통을 당하고 있으며 고통의 경험을 피하거나 빠져나오기를 바라고 있음을 어떠한 의미를 들어 부정하기는 어렵다. 잘 모르는 나에게는 주전자 속 랍스터의 행위는 선호를 표현하는 것으로 보인다(251쪽).

동물의 공연은 선호의 개념과 관련하여 생각할 만하다. 동물이 공연에 참여하고 싶은지 그렇지 않은지는 동물들이 보이는 신호와 인간이 그 신호에 대응하기 위하여 어쩔 수 없이 마련해야 했던 메커니즘을 통해 알 수 있다. 공연 장소는 이러한 생각을 위한 생산적인 출발점이다. 동물의 공연은 주로 출연하는 동물이 갇혀 있는 극장 건물, 서커스장, 로데오 경기장, 투우장, 동물원 우리, 수족관, 수중 경기장 등 막혀 있는 장소에서 이루어진다. 동물이 출연하는 공연 대부분은 동물들이 공연 장소에서 나가지 못하도록 하여, 관객들에게 잘 보이는 상태를 유지한다. 〈사고들〉의 랍스터는 무대 중간의 케이블에 걸리기 전까지 수조에 갇혀 있다. 로메오 카스텔루치(Romeo Castellucci)의 〈지옥Inferno〉(런던 바비칸 극장, 2010)

에서 개들은 훈련사들이 잡은 줄에 끌려 무대 위에 올라온 뒤, 무대 바닥의 체인으로 고정되었다.[*] 이보 밴 호브(Ivo van Hove)의 〈로마 비극Roman Tragedies〉(런던 바비칸 극장, 2010)에 등장하는 뱀은 공연 내내 한 배우가 들고 있었으며, 무대 바닥에서 자유롭게 움직일 수 없었다. 전 세계 서커스에 등장하는 코끼리, 호랑이, 원숭이 들은 서커스 극장 우리에 갇혀 있거나, 공연을 하면서 그들이 속한 종에 따라 간식을 제공받는다. 이러한 목록은 끝이 없다.

동물들에게 간식을 먹이는 것은 그들을 스포트라이트 속에 두기 위해 흔하게 사용하는 방법이다. 로버트 윌슨(Robert Wilson)의 〈마리나 아브라모비치의 삶과 죽음The Life and Death of Marina Abramović〉(맨체스터 로리 극장, 2011)은 그레이트데인 몇 마리가 크기를 과장한 가짜 뼈를 가득 채운 무대 위에서 돌아다니는 것으로 시작한다. 이 개들은 종종 무대 뒤로 사라지지만, 곧바로 다시 등장한다. 관객들은 처음에는 개들이 왜 무대에 있는지, 그리고 왜 나갔다가도 다시 돌아오는지 궁금해 한다. 그러나 개들이 무대 위에서 자유롭게 돌아다닌다는

---

* https://www.youtube.com/watch?v=LOv3QsyJG2I

것은 사실이 아닌 공연이 구축한 환상이며, 눈에는 거의 보이지 않게 무대 바닥에 뿌려둔 간식을 킁킁거리며 찾고 있음을 관객들은 깨닫는다. 개들이 무대를 떠나려는 시도와 떠날지도 모른다는 걱정은, 공연이 개들의 선호를 의도된 방향으로 유도하며 인간과 동물을 위한 안전하고 통제된 공연을 창조하는 메커니즘을 구축하기를 요구하도록 만든다.

상업적으로 성공한 뮤지컬 〈금발이 너무해〉에서 브루저와 루퍼스 역할을 한 치와와와 잉글리시불독 몇십 마리도 일련의 윤리적 문제를 야기한다. 이 동물 배우들은 잠재적으로 문제시될 수 있는 인간과 동물 사이의 또다른 관계를 구현한다. 이 동물들은 서식지는 물론, 욕구와 욕망이 모두 인간에 의해 조정된, 인간의 창조물로도 보인다. 에리카 퍼지는 『애완동물*Pets*』(2008)에서 애완동물은 한 마리당 음식, 장난감, 옷, 장신구 등을 구매하는 비용으로 1년 평균 2백35파운드를 지출하도록 만들어 영국 경제에 매년 총 50억 파운드(2024년 현재 한화 약 8조 원)를 기여하고 있는 산업이 되었다고 지적한다(3쪽).• 실제로 반려견 의상을 주로 팔고 있는 어

• 현재 한국에서 개나 고양이는 반려동물로 불리지만, 이 책의 논점에는 애완동물이 더 적합하다고 판단했다.

반퍼프닷컴은 〈금발이 너무해〉의 제작에 참여했고, 이 쇼핑몰에는 '브루저의 옷장, 이런 재밌는 일은 합법적이선 안 된다!'라고 쓰여 있는 배너 아래 분홍색 의상 컬렉션이 눈에 잘 띈다.

이 뮤지컬에 출연하는 개들은 애완동물이라는 위상을 가지고 있어, 싱어의 고통에 대한 논의로 그들의 공연을 판단하기 어렵다. 인간이 키우는 동물은 보통 인간과 함께 거주하며, 인간의 환경과 소통에 익숙하다. 어쨌든 이 개들은 공연 내내 소고기 육포를 공급받았기에, 무대에 머무르면서 자신들을 인간화하는 묘기를 수행하며 관객들을 즐겁게 한다. 디즈니 뮤지컬 〈라이온 킹〉의 가짜 동물들과 비슷하게, 인간과 비슷한 행동을 하며 인간처럼 입은 의인화한 재현은 인간의 지배를 유지시키는 기능을 분명히 한다. 의인화는 폴 테일러(Paul Taylor)가 2007년 『인디펜던트』에 기고한 런던 팔라디움 극장의 뮤지컬 〈오즈의 마법사〉 오프닝 공연 리뷰에서 잘 묘사되어 있다.

나는 무대에 오른 네 마리 중 하나이며 토토처럼 발을 잘못 올리지도 않았던, 사랑스러운 웨스트모어랜드 테리어가 끊임없이 내 마음을 자극하는 것을 알았다. 이 공연에 등장하는 개 네 마리와 〈금발이 너무해〉에 나오는 개 여덟 마리를 생각한다면, 그들이 모두 함께 자리를 떠서 소호에 있는 개집에서 함께 물을 마시면서 네 발로 걷는, 웨스트엔드의 스타로서의 삶에 대해 불평하지 않을까 궁금해질 것이다.

비아냥이 담긴(혹은 논점에서 벗어난 듯한) 이 리뷰는 차우드리가 「동물을 마주(안)하기」에서 이야기한 '웃음 시험, 주제를 진지하게 대하는 것을 애초에 거부하기'의 예다. 또한 동물 연기자를 제대로 파악할 수 없고 인간의 개념들 말고는 그들을 이해할 수 없다는 점도 드러난다. 〈금발이 너무해〉에서는 인간 관객이 우스워하는 동작들을 개들이 얼마나 잘 수행하는가에 희극적 효과가 달려 있는데, 개들의 대상화는 공연에서는 동물들이 그저 인간의 오락거리로 기대되며 공연은 오직 인간만이 할 수 있는 행위라고 당연시한다.

동물의 공연은 동물이 스스로 참여하는 것에 동의하지 않았거나 동물의 존재가 인간과 동물의 관계를 문제적으로 재현하기 때문에, 본질적으로 비윤리적인 것으로 보일 수 있다. 심지어 피터슨이 제시한 동물 재현에 대한 더욱 건설적인 윤리학도 바르타바의 승마 공연을 해체해 그 공연이 실제로는 본질적으로 문제가 있음을 입증하는 것으로 끝난다. 어떻게 동물이 공연을 하도록 만들어졌는지에 대한 피터슨의 질문이 위에서 살펴본 고통, 자발성, 감금의 복잡한 역학이라는 결론을 내리게 된다면, 동물이 어떤 의미를 만드는지에 대한 그의 탐색은 '야생, 자연, 자유, 굴종'(34쪽)과 같은 논점들의 이해를 미리 결정된 것으로, 혹은 신비롭거나 이국적인 것으로, 그리고 문제적인 것으로 여기게 된다. 그의 관점에 따르면, 인간과 말이 함께하는 바르타바의 공연과 그의 다종(multispecies) '되기' 담론은 단지 관객에게 또다른 '타자를 만지는 에로틱한 환상'과 '종의 장벽을 초월하는 마술적 인간에 대한 환상'(44쪽)을 제공한다.

피터슨의 분석은 동물의 공연에 대한 윤리적 질문들의 평가가 동물의 공연 참가의 물질성(어떻게 동물을 무대 위와 무대 밖에 가두는지, 어떻게 훈련하고 이동하는지 등)뿐만 아니라 그들의 재현과도 관련이 있음을 의미한다. 살아 있는 동물들은 무대 위에서 잘못 재현되거나 잘못 다뤄질 수 없다. 동물들은 〈라이온 킹〉이나 〈캣츠〉의 부분 사람, 부분 동물과 같은 의상의 경우처럼 부분적으로 등장할 수 있다. 또한 동물이 등장하는 가장 최근의 성공작 〈워 호스〉처럼 인형의 형태로도 등장할 수 있다. 아니면 영국 극단 콩플리시테(Complicité)와 도쿄의 세타가야 공공 극단(Setagaya Pulblic Theatre)이 공동 제작한 〈코끼리 사라지다The Elephant Vanishes〉(런던 바비칸 극장, 2003)에서 코끼리 이미지들이 사라지는 것과 같이, 등장하지 않을 수도 있다. 살아 있는 동물들의 현전과 동물 재현의 다른 형식들 사이에는 정말로 큰 차이가 있으며, 이 두 가지 공연으로 접근할 때 제기되는 윤리적 질문을 깊이 고려해야 한다. 그러나 의인화는 비실존/비현실적인 동물을 표현하는 방법의 중심이기도 하다. 이렇게 표현되는 동물들은 상상으로 나타나거나 인간의 완벽한 통제를 받으며, 인간의 창조물이기에 인간성과 인간 중심주의에 종속된다.

피터 싱어의 동물 학대에 대한 근본적 반대는 레이철 로즌솔의 동물 공연에 영향을 주었다. 로즌솔의 공연은 미국의 아방가르드 공연 예술 전통에 뿌리를 두고 있는데, 동물권 운동과 접근 방법, 내용, 방법론을 공유한다. 예를 들면 〈타자들The Others〉(로스앤젤레스 재팬 아메리칸 극장, 1985)은 톰 리건의 『동물권의 경우The Case for Animal Rights』(1983)와 싱어의 『동물 해방』에 대한 직접적인 대답이다. 이 공연은 동물권의 이유에 대한 공개적 선언이다. 시작은 동물이 필요로 하는 걸 무시한 소녀들이 처벌받는 그림 형제의 동화 「숲속의 오두막 집The Hut in the Forest」과 데카르트에 대한 직접적인 공격이다. 인간 배우들, 동물들 마흔 두 마리와 각각의 반려인들이 출연한다. 공연 대본을 보면 로즌솔은 동시대 민주주의가 지각이 있는 비인간 존재들의 생명을 억압하는 파시즘 체제라고 언급한다. '동물들은 타자다. 우리는 더 힘이 세다. 우리는 그들의 몸과 마음을 착취하려고 한다'(22쪽). 이 공연은 뒤쪽 벽에 농장과 실험실에서 행해지는 여러 가지 끔찍한 동물 학대 장면을 비춰 관객들에게 보여주고 충격을 줌으로써 동물권의 정당성을 입증하려고 한다. 로즌솔이 설명하듯이, 미국에서 해마다 식용이나 약용으로 살해되는 동물들의 숫자를 아는 것만으로도 놀랄 수밖에 없다. 아무리 이 공연이 존재로서의 동물과 인간 사이의 관계를 부정적으로 제시한다고 하더라도, 로즌솔은 '타자성'이 포용을 잠재하고 있는 긍정적인 말임을 보여주려고 했다. 로즌솔의 공연은 '예술에서 동물의 부도덕한 사용'(「동물들은 극장을 사랑한다」, 5쪽)이라는 인식과 대결하려는 시도다. 그리고 자신이 동물을 공연에 포함시키는, 좀 더 윤리적이라고 믿는 방식을 제안한다. 이 공연에서는 동물들에게 자신들에 대한 인간의 통제를 체현하는 묘기를 부리게 하거나 무대에 남아 있도록 강제하지 않았다. 동물들은 '그 자신들이 되도록 남겨졌고' 자유롭게 돌아다녔고, 결정적으로, 마음대로 무대를 떠날 수 있었다(5쪽). 로즌솔은 동물이 이 세계에서 다른 존재로 스스로 남아 있게 되는 상태를 경험하도록 둔다.

　로즌솔의 공연은 도나 해러웨이의 '반려companionship'에 대한 이해와 '타자성'에서 영향을 받았다. 이 개념들은 동물 공연에 대한 긍정적인 면을 보기 시작할 수 있는 유용한 통로이다. 해러웨이의 저서 『반려종 선언*The Companion Species Manifesto*』(2003)에서 나타나는 윤리는 타자를 능력이나 장점으로 이해하는 것과 결별하고, 타자의 다름과 고유한 특징을 포용한다. 이 책에서 해러웨이는 반려견 카옌페퍼와의 관계에 주로 초점을 맞추는데, 다음과 같은 내용을 이해하는 것이 중요하다. '개는 인간이 바라는 대로 되지 않는다…… 그들은 투사가 아니고, 의도의 실현이 아니고, 어떤 것의 목적도 아니다. 개들은 인간과 강제적이고, 구성적이고, 역사적이고, 항상 변하는 관계를 맺은 종이다'(11-12쪽). 해러웨이는 인간과 동물 사이의 소통에 대한 윤리학의 형성을 시작하기 위해 동물을 하나의 개별자로 인식해야 한다고 믿었다. 이렇게 인식하려면 인간과 동물의 관계가 착취가 아닌 생산으로 가능할 수 있도록 어느 정도 분리할 필요가 있다. '나는 종들 속, 혹은 종들 사이에 존재하는 윤리적 연관성은 관계 속의 타자성에 대한 지속적이고 단단한 각성의 실로 직조된다고 믿는다. 우리는 하나가 아니고, 함께 지내는 것에 의존한다'(50쪽). 해러웨이의 관점에서는 어질리티 경기는 놀이를 통해서 종들이 함께 됨을 체현한다. 자신의 개와 훈련하고 경기를 하는 과정은 인간과 동물의 관계에 대한 역사를 다시 쓸 수 있는 기회다. 해러웨이의 다른 저서 『종과 종이 만날 때*When Species Meet*』(2008)는 어질리티 경기에서 개와 함께 수행한 경험이 자신과 카옌페퍼에게 '접힘, 지식, 기술 그리고 도덕적 질문들이 가득 찬 접촉의 공간에서 다종 주체 형성과 동시에 경기를 치르고 놀이를 하면서 겹쳐지는 교차종(cross-species)의 발명'을 제공했다고 밝혔다(203쪽). 이는 가능성이 넘치는 조우이며, 여전히 여성과 개가 공유하는 착취와 통제의 역사가 나타나고는 있지만, 긍정적인 의사소통과 배움의 공간을 연다. 그들의 어질리티 경기에는 말을 이용한 바르타바의 스펙터클이 보여주는 진기한 볼거리가 없다. 그들은 반드시 관객들에게 보여주려는 것도 아니다. 오히려 참가자들에게 소통하고, 배우고, 함께 경기하고, 놀이를 하는 공통의 기회를 제공한다. 어쨌든 로즌솔의 작품이나 어질리티 경기에서 동물의 현전은 언제나 인간의 시행으로 성취된다. 동물 공연에 대한 로즌솔의 좀더 세심한 접근이, 동물이 여전히 인간에 의해 자리매김된다는 사실에 무엇을 할 수 있는지, 타자의 요구를 고려해야 한다는 싱어의 입장을 어떻게 다룰 수 있는지 궁금하다. 또한 해러웨이의 긍정적인 조우가 우리가 보통 가지고 있는, 개는 인간의 가장 좋은 친구라는 관념에서 무엇을 빌리고 있는지도 궁금하다.

　마지막으로, 공연의 즉시성과 정서적인 특성은 인간과 동물의 관계를 둘러싼 윤리적 질문들을 강조하는 데 생산적이었음을 밝힌다. 공연의 이러한 자질들이 동물권 운동에 동참하는 데 직접적이고 효과적이며 광범위한 접근이라는 점을 많은 예술가들이 발견했고, 그들 작품의 중심에 이러한 자질들이 나타났다. 좋은 예로는 화장품 브랜드인 러시가 화장품 산업에서 모든 동물 실험을 금지시키는 '유럽연합 화장품에 관한 규정' 승인의 지연에 대한 대중의 관심을 집중시키고자 시작한 동물 실험 반대 캠페인이 있다. 2012년 4월, 런던

리젠트 스트리트의 러시 매장에서 열 시간 동안 펼쳐진 공연이 이 캠페인에 포함되는데, 퍼포먼스 예술가인 재클린 트레이드(Jacqueline Traide)는 강제로 먹이기, 안구 자극 시험, 염분 주사 등 화장품 산업에서 동물이 강제로 당해야 하는 실험을 스스로 겪었다. 러시의 캠페인은 잔인함에 대한 메시지를 퍼트리기 위해 인간과 동물의 몸을 상호 치환하는 방식을 썼다. 교육 연극 극단들이 동물권 운동 주제를 탐구하기 위해 비슷한 방법론을 사용했다. 예를 들어, YMCA에 기반을 둔 Y투어링씨어터컴퍼니는 동물 실험에 대해 토론하는 온라인 학습 자료 〈모든 숨결Every Breath〉(2006)을 제작했다.

오랜 세월 동안 이어진 인간과 동물 사이의 불평등한 관계에서, 인간은 동물을 지배하고, 통제하고, 착취했다. 철학과 예술은 동물을 '극도로 부인immense disavowal'했다. 동물 복지의 가시성과 동물권 운동은 인간과 동물의 소통에 윤리의 개입이 필요한 상황을 만들어냈다. 지금까지 보았듯, 공연은 살아 있든 그렇지 않든, 동물의 현전이 어떻게 윤리적으로 중재되어야 하는지 질문하는 과정을 시작하는 장이 된다.

동물 공연에서 나타나는
위험, 사고 그리고 경제

아르노트는 고대 그리스 연극에서 다루는 동물을 설명하면서 '무대 위의 살아 있는 동물은 보통 문제가 더 많았다'고 관찰한다(1쪽). 고대 그리스에서는 무대 위에 살아 있는 실제 동물을 올리기 위해, 이동에 상당한 노동을 투입해야 했으며 더불어 훈련과 관리도 필요했다. 현대에는 위생과 안전 규정, 위험에 대한 계속 고조되는 인식, 노동 및 안전법 등 때문에 살아 있는 동물을 무대에 올리기가 더욱 어렵다. 사실 동물들은 다루기 어렵고, 훈련을 받아야 하고, 계속 지도받아야 한다. 공연 전후는 물론 공연 도중에도 인간은 계속해서 동물에게 관심과 주의를 기울여야 한다.

이러한 사항들이 살아 있는 동물들의 참여에 우선적으로 적용되는 반면에, 공연의 물질적인 조건들에 대한 고려는 동물들을 재현하는 좀더 쉽고 덜 노동 집약적인 대안적 방식을 사용하도록 결정할 때 필요하다. 고대 그리스에는 살아 있는 동물을 무대에 올리는 선택을 하기보다는 동물 인형을 사용하는 쪽이 더 필요했을 것이다. 아르노트에 따르면, 고대 그리스인들은 살아 있는 동물이 공연에 참가할 경우 보통 '관습이나 흉내 내기에 의존했을 뿐, 분명히 다른 식으로 가능할 연습되지 않는 효과를 따르지 않았다'(4쪽). 현시대의 극장에서 〈워 호스〉와 같은 작품에 말 인형 조이를 쓰는 것은 미학적인 결정일 수 있다. 하지만 공연 제작에 필요한 다양한 말을 런던 중심부에 데려와야 하며, 극장에서 요구하는 위생과 안전에 대한 규정을 준수해야 하는 등, 공연에서 동물과 함께 작업하는 데 따르는 여러 어려움과 위험을 우회할 수 있다. 어쨌든 현재 많은 공연 예술가들은 동물들이 만들어낼 수 있는, '연습되지 않은 효과unrehearsed effect'에 과감히 도전하고, 그 도전을 동물들이 공연에 가져다주는 장점으로 만든다.

이탈리아 극단 소시에타스 라파엘 산치오(Societas Raffaello

Sanzio)는 서양 연극의 기원인 고대 그리스 연극과 다시 연결하는 방식으로, 살아 있는 동물을 자신들의 작품에 사용했다. 2010년 〈지옥〉의 런던 공연에서는 출연진과 함께 말 한 마리와 저먼 셰퍼드 일곱 마리가 등장했다. 저먼세퍼드는 피나 바우시가 〈카네이션〉(런던 새들러스 웰스 극장, 2005)에서 경찰국가를 재현하기 위해 사용했던 견종이다. 〈지옥〉의 시작 장면은 살아 있는 동물들이 공연에 참가했을 때 나타나는 위험에 대한 도전을 정확하게 재현했다. 공연은 극단의 연출가 중 한 사람인 로메오 카스텔루치가 패딩 보호복을 입고 관객 앞에 나타남으로써 시작된다. 동시에 셰퍼드 일곱 마리가 훈련사들과 함께 무대로 걸어 들어온다. 이 중 자유롭게 풀어둔 세 마리는 카스텔루치를 공격했으며, 그는 개들의 힘에 눌려 무대 위로 쓰러진다. 무대 위에 묶여 있는 다른 개들은 시끄럽게 짖는다. 이 공연의 시작 장면은 분명히 위험한 동물들이 공연에 포함되었기 때문에 나타난 위험, 폭력, 공포로 인해 오싹하게 느껴진다. 묶여 있는 개들이 신경질적으로 소란스럽게 짖는 소리는 풀어둔 개들이 보여주는 공격의 흉포함을 가중시켰고, 보호복, 훈련사들, 카스텔루치, 심지어는 관객에게까지 해를 입힐 수 있는 개들의 힘을 가둔 목줄

이 얼마나 중요한지 강조한다. 더불어 안전의 본질이 깨지기 쉬운 것임을 일깨운다. 사실 이 공연은, 개가 훈련사들에게서 빠져나와 명령을 무시하고 카스텔루치의 몸에서 보호복으로 덮이지 않은 부분을 공격하면 과연 어떻게 될까라는 불안한 인식을 이용한다. 그런 사고는 잘 일어나지 않지만, 분명히 일어나는 사건이다. 이 공연은 이러한 잠재성을 공연에 포함시켜 관객에게 쾌감을 준다.

야생 동물들이 등장하는 공연의 중심에 있는 훈련사의 동물 통제는 살아 있는 동물들이 등장하는 모든 공연에서 자연 세계에 대한 인간의 우위를 공적으로 증명했다. 이러한 공연들의 의도는 동물의 아름다움과 재주, 지능은 놀라워 보이도록 하고, 통상적인 위험한 행동들은 관객을 놀라게 하거나 무섭게 하도록 하는 것이다. 이러한 행동들과 결부된 위험은 관객이 뭔가 잘못될 수 있다고 인지하고 있기에 동물 공연에서 느낄 수 있는, 부정할 수 없이 매력적인 요소다. 때때로 사고가 일어나고, 그 결과로 인간과 비인간 동물이 부상당하거나 죽기도 한다. 이러한 극적인 일화들이 동물이 포함된 공연에 대한 기대 배경을 형성한다. 관객의 신뢰는 동물의 공격이 발생한다는 지식에 의해 도전을 받는다. 이러한 가능성은 관객 자신의 기대와 인간과 동물 사이 조우의 가치를 더욱 높인다. 더욱이 이런 이야기들은 동물들이 잠재적으로 난폭하고 최악의 경우 사람을 해칠 수도 있다고 미리 생각하게 만들어, 그 공연에 관객이 참여하고자 하는 기대를 정의한다. 두려움과 위험함은 동물 공연의 중요한 측면이기에, 동물들의 등장은 관객에게 특정한 효과를 주는 방향으로 구성되고 준비된다.

피터슨은 짝을 이루어 활동하던 동물 훈련사 지크프리트와 로이에 대해 이야기하면서 논문 「동물 장치」를 시작한다. 로이 혼(Roy Horn)이 호랑이의 공격을 받은 이 사건은 인간과 동물이 함께 공연할 때 문제가 될 수 있는 일들 중 가장 알려진 예시다. 로이는 라스베이거스에서 오랫동안 공연한 쇼 〈미라주 호텔의 지크프리트와 로이Siegfried and Roy at the Mirage〉(2003)에서 백호랑이와 함께 연기하다가 공격을 받았다. 뉴스 보도에 따르면, 호랑이는 로리 혼을 공격하여 그의 목을 물고 무대 밖으로 질질 끌고 갔다. 혼은 이런 공격을 받고도 살아남았지만, 심각한 중상을 입었다. 이 사건에서 가장 흥미로운 부분은 관객의 반응이다. 그 사건 이후 CNN의 웹사이트에 올라온 기사를 보면, 실제 공격을 목격한 놀라움과 공포와 함께 그들이 보는 것이 공연의 일부분이 아닐 수도 있다는 믿기 어려운 감정이 동시에 나타난다. 어떤 관객은 '한 여성이 공포에 질려 내 앞을 지나쳤고, 마음속에 이건 쇼의 일부가 아니구나 하는 생각이 떠올랐다'고 말했다.

페타의 전문가에 따르면, 지난 2000년 이후 미국의 서커스에서 코끼리와 관련된 위험한 사고가 35번 있었다고 한다. 코끼리들이 길거리에 자유롭게 다니다가 건물과 부딪히거나, 행인을 공격하고, 조련사에게 부상을 입히거나 죽음으로 몰아가는 사고들이다. 1992년에는 그레이트아메리칸 서커스에서 공연하던 코끼리 한 마리가 어린이 5명을 등에 태운 채 공연장에서 뛰쳐나오는 바람에 사살되었다. 1994년에는 호놀룰루의 서커스 인터내셔널에서 공연하던 아프리카 코끼리가 훈련사를 살해하고 관객 12명에게 부상을 입혔다. 이후 호놀룰루 중심가로 달려 나갔다가 결국 사살되었다. 그런데 코끼리 행동 전문가 라만 수쿠마르(Raman Sukumar)는 자신의 책 『살아 있는 코끼리 *The Living Elephant*』(2003)에서, 그러한 폭력적인 행동은 자연 서식지에서는 거의 나타나지 않는다고 계속하여 강조했다. 코끼리들은 심각한 부상을 입을 정도의 싸움에 잘 말려들지 않는다. 그들은 잘 조직된 모계 중심 사회에서 살고 있으며, 여러 세대의 암컷 코끼리들은 가족과 일생 동안 함께한다. 전문가들은 몇몇 서커스 코끼리들의 폭력적인 행동은 그들이 놓여 있는 환경에서 발생하는 것이라고 확신한다.

비슷한 위험이 세계 곳곳에 있는 아쿠아파크의 범고래 공연에도 나타난다. 수전 데이비스(Susan G. Davis)는 미국의 시월드(SeaWorld) 체인에 대한 연구서 『대단한 자연*Spectacular Nature*』(1997)에서 공연의 위험과 공포는 범고래와 거의 관계가 없음에 주목하라고 한다. 오히려 위험과 공포는 동물들이 갇혀 있는 비자연적 조건들과 공연 자체에 의해 생겨난다. 데이비스는 시월드 샤무 쇼•에 등장한, 몸무게 5.5톤의 범고래 틸리쿰에 대해, '이 고래는 범고래orca라고 불리기보다는 살인 고래killer whale라고 불리는 일이 더 많은데, 이 유명한 이름은 이 동물을 치명적으로 보이게 만들었다'(214쪽)고 언급했다. 데이비스는 또한 '관객들은 그곳에서 일어난 사고와 죽음에 대한 기억과 함께 공연을 보러 온다'(214쪽)고 말한다. 2010년, 틸리쿰은 공연 도중 훈련사인 던 브랜초(Dawn

---

• 샤무는 1960년대 후반 포획된 암컷 범고래로, 시월드 공연에 투입되었다. 이 범고래가 죽은 이후에도 시월드의 범고래 쇼를 '시월드 샤무 쇼'라고 부른다.

Brancheau)의 포니테일을 잡고 물속으로 집어넣어 익사시켰고, 관객들 수백 명은 공포에 질렸다. 법원은 훈련사를 살해한 행동이 사실상 놀이일 수 있다고 보아, 틸리쿰의 생명을 끊자는 의견을 기각했다.

사고, 사망, 위험은 살아 있는 동물들이 참여하는 공연의 부분이다. 비록 자주 나타나지는 않지만, 이러한 요소들은 살아 있는 동물들이 등장하는 공연을 소비하는 경험을 구성하는 데에 중요한 부분을 차지한다. 아쿠아파크, 서커스, 황소싸움, 그리고 현시대의 연극과 퍼포먼스는 통제할 수 없는 본성을 가진 동물이 체현하는 위험의 환상을 창조하는 데 대단히 골몰한다. 흥미롭게도, 이러한 환상의 창조는 관객들에게 보이지 않으면서 공연 장치에 흡수되며, 관객의 경험에 큰 역할을 한다. 피터슨은 훈련사 로이 혼을 공격한 호랑이는 위험을 연기했다고 주장한다(33쪽). 그 호랑이는 포식자 본능을 통제하도록 길들여졌지만, 동시에 지시에 따라 포식자 본능을 전시하도록 훈련받았다. 로이 혼을 공격한 호랑이는 단지 지시에 따르는 것으로 보인다. 테이트는 『거칠고 위험한 공연들』에서, 서커스에 잠재되어 있는 야생성과 위험이 가지는 구조화한 본성에 대해 지적한다. '마치 배우처럼 동물 연기자들은 연극 텍스트의 정서와 제휴하면서 그 구축에 기여하기에…… 20세기에 거대 고양잇과 동물들은 유순함이나 흉폭함을 연기했다'(3쪽). 따라서 동물들은 보통 명령에 복종한다고 알려져 있지만, 그들은 또한 불복종을 연기할 수도 있다. 어쨌든 인간이 동물을 통제하는 여러 가지 공연을 경험하도록 초대받은 관객들에게는 동물 공연의 가장 중요한 부분인 훈련이 보이지 않는다. 데이비스는 시월드 공연의 경우, 예측할 수 없음과 그에 따른 사고가 그 공연에서 관객들이 가장 선호하는 부분이라고 언급한다. 그 결과로 '서커스의 주제 중 하나인 순응하지 않음nonconformity이 대본에 등장하고, 관객들은 공연하는 동물들이 훈련사들을 무시하는 듯 보이게 되는 장면을 본다'(190쪽)고 설명한다. 관객들의 눈에는 동물이 실제로 반항하고 있으며, 그렇기에 그들은 객석에 앉아 있는 것이다. 데이비스의 연구에서 시월드 훈련사 밥 라포르타(Bob LaPorta)는 '관객들이 샤무 쇼를 보러 왔는데, 아무 일도 일어나지 않는다면 실망한다. 그들은 공연에 대해 무척 부정적으로 여기게 될 테고, 이 공연은 재미있는 경험이 되지 못한다…… 최고의 순간은 언제나 뭔가 잘못되었을 때 나타난다'(191쪽)고 말한다.

동물이 대본과 다르게 폭력적으로 행동하게 되는 원인도
보이지 않는다. 우선 동물들은 본래의 자연 서식지에서 살
지 못한다. 그들은 다른 종과 근접해서 지내고, 같은 가족이
나 자신을 낳아준 어미에게서 분리되며, 우리의 크기나 이동
의 충격 들과 같은 상황에도 영향을 받는다. 또한 이 모든 요
소들이 동물과 그 동물의 행동에 미치는 심리적 효과들도 원
인이 된다. 예를 들면, 틸리쿰은 1983년에 태평양에서 포획
됐고, 사건이 일어났을 때는 거의 30년 동안이나 갇혀 산 뒤
였다. 전 세계의 텔레비전이나 신문의 보도는 틸리쿰의 잔인
한 공격과 포악한 본성에 집중하여, 사망자 두 명을 만든 예
전의 두 사건에도 이 범고래가 연루되었음을 떠올리게 했다.
어쨌든 틸리쿰의 행동은 전혀 예상할 수 없었다. 다양한 고
래 전문가들은 틸리쿰의 공격을 분석하고, 범고래는 감금되
었을 때 위험할 수 있다고 의견을 모았다.

　나의 논문 「절대로 아이들이나 동물들과 함께 하지 마라
Never Work with Children and Animals」(2010)는 아이들이나 동물이 참가
하는 공연이 동시대 사회의 위험에 대한 강박에 도전하고 체
현하는 모습을 어떻게 재현하는지 살펴본다. 무대에 오른,
살아 있는 동물은 인간에게 잠재적인 위험을 가져오고, 반대

로 위험을 회피하고 동시에 위험을 당하기 쉬운 사회-정치-경제적 구조에 대해 도전하거나 위험과 공포를 드러낼 수도 있다. 공연의 맥락에서 볼 때, 동물 행위에 내재한 예측성, 행위성, 의도성이 가장 중요하기에, 공연에 살아 있는 동물이 등장하는 것은 울리히 벡(Ulrich Beck)이 『위험 사회*Risk Society*』(1997)에서 제시하고 『위험 세계*World at Risk*』(2009)에서 확장시킨 영향력 있는 개념인 '위험 사회'의 징후이자 원인이며 도전으로 여겨질 수 있다. 벡의 관점에서, 위험은 개인이 자기 자신과 지구의 행복에 완전히 책임을 지게 된 동시대 사회의 정치적·사회적·경제적 통제를 구성하는 한 요소다. 이것은 앤서니 기든스(Anthony Giddens)가 자신의 논문 「위험과 책임Risk and Responsibility」(1999)에서 언급한, 개인이 짊어져야 하는 책임의 층위가 계속되는 불확정성의 맥락에서 증가함을 가리키는 '책임화responsibilization'라는 과정이다. 기든스가 말한 대로, '우리는 모르고 우리는 알 수도 없다'(9쪽).

내 논문에서 주장했듯이, 동물 공연에서 위험을 감수하고 책임을 맡는 것은 '단순히 공연의 한 방법론을 넘어, 이러한 과정이 계속 불러일으키는 정치적·사회적·경제적·문화적 변화에 대한 참여인 셈이다'(82쪽). 동물은 무대 위에서 무슨 일이 일어날 수 있고, 일어날 듯하며, 일어나야 하는 것의 경계를 밀어제침으로써, 위험 감수와 '책임화' 과정에 도전하는 기회를 공연에 제공한다. 소시에타스 라파엘로 산치오와 벨기에 예술가 얀 파브르, 스페인 무대 예술가 로드리고 가르시아, 벨기에 안무가 빔 반데키부스(Wim Vandekeybus), 영국 극단 쿼런틴, 벨기에의 세드라베 무용단, 스페인 무대 감독 알렉스 리골라(Àlex Rigola), 독일 안무가 피나 바우시 등과 같은 현대 아방가르드와 실험 연극 공연 단체와 예술인 들이 점증하는 표현 규제에 도전하는 방식으로 살아 있는 동물들을 이용했다. 동물들은 연극 예술가, 관객, 기관 담당자 등 모든 사람이 언제나 만일의 사태에 대비하도록 만들었다. 그리고 이러한 위험 감수와 자극으로 인한 예측 불가능성은 실험극에 관객을 동원하는 데에 지대한 역할을 할 수 있다.

극장에서 지켜야 할 안전과 위생에 대한 규제는 정치적·사회적·경제적·문화적 제약을 구체적인 모습으로 보여주게 되었고, 동물들은 이러한 제약에 대한 직접적인 도전인 셈이다. 영국에서는 공연에 동물이 직접 등장하는 것은 자동적으로 법의 적용받는다. 인간과 동물의 어떤 관계든 2006년 제정한 동물 복지법이 적용된다. 공연에서 동물과 인간 사이의 소통은 1925년에 만든 동물 공연법에 의해 규제받는데, 이 법은 1968년에 조금 수정되었다. 동물 공연법에 따르면, 공연을 하는 동물과 그 보호자는 해당 관할 지역 행정 기관에 등록해야 하며, 수수료를 지급하고 공연 허가를 받아야 한다. 이 법안들은 살아 있는 동물들의 공연 사용을 통제할 수 있는 수단을 행정 기관에 부여한다. 흥미롭게도 이 법은 '명백하게 군대, 경찰, 농업을 위한 훈련, 스포츠를 위한 훈련이나 이렇게 훈련된 동물의 전시'에는 적용되지 않는다(38장 7조). 법령의 적용에 대한 이러한 예외들은 다른 무엇보다도 영국의 여우 사냥과 같은 스포츠에 합법성을 부여한다. 안전과 관련된 규정이 더욱 강화되었음을 보여주는 가장 최근 문서는 영국 안전보건청(Health and Safety Executive)이 2011년에 발표한 〈공연에서 동물과의 협업Working with Animals in Entertainment〉이다. 여기에는 동물과 함께 안전하게 일하기 위한 몇 가지 권고 사항이 담겨 있으며, 동물과 일하는 인간의 보호를 목적으로 한다. 이 문서에서는 전문가를 통한 안전 평가를 실시하라고 제안하며, 동물 때문에 겪을 수 있는 위험을 최소화하거나 제거하는 것을 목표로 하여 통제 대책들을 열거한다. 또한 영국 내에서 보건과 안전을 위한 입법이 이루어져야 한다고 주장한다. 동물들의 공연과 관련된 규제들은 특정 문화에서 더욱 두드러지게 나타난다. 이러한 정책들에 대한 서양의 관심이 일반적이라고 할 수는 없다. 세계의 다른 곳에서는 동물의 공연에 대한 규제가 그다지 강력하지 않다.[*]

보건-안전과 위험 통제 정책들은 동물들의 처우에 대해 다루지만, 동물들이 연극 극단에 참여하는 부분에 대해서는 설명하지 않는다. 많은 사례에서 동물은 공연의 가치를 높이는데도 불구하고 그들의 노동은 설명되지 않는다. 닉 라이다 우트는 그의 논문 「연극 산업에서 동물의 노동」에서, 사실상 동물들이 연극 산업의 경제에 완전히 참여하지 않는다는 인식이 근거가 되는 착취와 관련하여 이 문제를 탐구한다. 동물들은 일하는 시간이든 추가된 시간이든 돈을 받지 않고, 그들을 대변할 에이전트가 없으며, 노동 시간도 거의 통제되지 않는다. 라이다우트에 따르면, 동물들에 대한 이러한 착취는 인간 공연자들에게도 일련의 불공정한 노동 환경을 공

- 현재 우리나라의 공연법에는 동물과 관련된 규정이 없다. 단, 동물 보호법(2023년 4월 27일 시행)에는 금지된 행위 항목들이 있다. '도박·광고·오락·유흥 등의 목적으로 동물에게 상해를 입히는 행위. 다만, 민속 경기 등 농림축산식품부령으로 정하는 경우는 제외한다'(동물 보호법 3장 10조). 민속 경기 중 소싸움이 여기에 해당된다. 또한 현재 투견은 불법이지만, 투견을 목적으로 개를 키우는 것은 불법이 아닐 수 있다.

유하게 만들어서, 그들의 사이를 더 친밀하게 만들 수 있다. 그러나 인간의 노동은 대가를 받지만, 동물이 공연이나 다른 엔터테인먼트에 참여하여 어떤 이익을 보는지 모르겠다.

살아 있는 동물의 공연은 경제로 규정된다. 쿼런틴 극단의 공연 〈노인들, 어린이들, 그리고 동물들〉(맨체스터 컨택트 극장, 2008)은 인간 연기자들과 토끼, 앵무새가 함께 출연한다. 공연을 시작할 때 앵무새가 등장하는데, 앵무새를 등장시키려면 매일 2백50파운드를 지불해야 한다. 따라서 극단과 함께 공연할 수 있는 시간은 제한될 수밖에 없었다. 동물 연기자를 고용하고, 이동시키며, 훈련하고 돌보는 비용은 동물이 공연에서 생산할 수 있는 재정적 이점, 아르노트가 언급했던 공연 진행을 방해하는 문제점들과 균형을 이룬다. 반면, 아주 오랜 시간 동안 인간과 동물은 소통해왔고, 공연을 제대로 진행하기 위해 동물이 어떻게 해야 하는지 드러내지 않으면서 자연스럽게 자리 잡도록 만들었다. 동물을 보여주는 방식과 그들을 고용하는 비용에 대한 전략은 동물이 얼마나 중요한지 알려주는 증거다.

동물들과 공연에서
동물의 재현

독일 예술가 요제프 보이스(Joseph Beuys)는 〈코요테: 나는 미국을 좋아하고 미국도 나를 좋아해Coyote: I Like America and America Likes Me〉(1974)를 공연할 때, 스스로를 두꺼운 천으로 감싼 뒤 공항에서부터 7일간 공연할 뉴욕의 한 미술관까지 화물로 배송시켰다. 보이스는 공연을 보여줄, 울타리 친 장소로 이동되었고, 이 공연을 함께 한 리틀 존이라는 살아 있는 코요테가 보이스를 감싼 포장을 풀어야 했다. 보이스와 리틀 존의 소통은 얼핏 제의의 행동이나 놀이의 연속으로 보인다. 하지만 스티브 베이커(Steve Baker)는 케리 울프가 엮은 『동물존재론Zoontologies』(2003)에 실린 자신의 에세이 「인간의 껍질을 벗겨라Slough the Human」에서, 이 공연은 '한 주 동안 진행되는 주로 즉흥적인 만남'이 되었다고 말했다(149쪽). 공연을 본 관객들은 이 만남이 어떤 의미를 갖는지, 만남 안에서 리틀 존에게 부여된 의미는 무엇인지 궁금했을 것이다. 데이비드 윌리엄스(David Williams)는 「부적합한(해진) 타자들Inappropriate/d Others」(2007)에서 '보이스가 연기하려고 한 상실과 회복의 신화적인 서사에서 코요테는 미국의 상처와 미국 원주민들의 억압받은 지식의 대리자'(99쪽)였다고 이 공연을 평가했다. 윌리엄스가 주장하고 베이커가 자신의 책『포스트모던 동물 The Postmodern Animal』(2000)에서 제안하듯, 예술에서 동물은 고정된 의미를 갖지 않고 '너무도 많은 의미를' 가진다(80쪽).

리틀 존은 보이스의 공연을 통해 의미를 생산한다. 그러나 흉포함, 교활함, 자유, 야생성 같은, 문화적으로 구축된 코요테의 의미도 옮겨와서, 이러한 의미들이 공연의 의미 생산 과정에 첨가된다. 공연의 측면에서 보면, 역설적으로 실제 동물은 이러한 과정에 완전히 동화되기를 거부한다. 리틀 존은 코요테이고, 동시에 기호이고 욕망이다. 코요테의 고정된 의미 거부는 아방가르드와 실험 예술에서 동물이 직접 등장하여 연기하는 주요 목적이자 필수적인 역할이 인위성과 사실 사이 경계를 모호하게 만드는 것임을 보여준다. 사실과 상상과 환상 사이의 교차로에서 동물들은 이러한 임무를 잘 수행할 수 있다.

유럽, 미국 그리고 아시아의 네오아방가르드와 실험 연극 예술가들의 작품 속에 실존하는 동물들은 차우드리가 엮은 『드라마 리뷰*The Drama Review*』의 2007년 특별판에 실린 논문들에 잘 기록되어 있다. 연극이 연극성에 대하여 도전하기를 원할 때, 동물은 무대에 등장한다. 흥미롭게도, 스티븐 보텀스(Stephen J. Bottoms)는 논문 「효용/연약함 땋은 머리The Efficacy/Effeminacy Braid」(2003)에서, 동물들이 연극과 퍼포먼스(공연)의 분리와 관련된 논의에 필수적이라고 설명했다.• 보텀스는 이 논문에서 '다양한 수단으로 연극을 제의화하려는 실험 연극 예술인들의 시도들, 공연에 참가하는 이들의 삶을 더욱 효용성 있게 만드는 노력'은 연극의 제의적 요소들이 포함되었음을 의미한다고 밝혔고, 동물들의 참여는 연극이 제의가

• 여태까지 'performance'는 퍼포먼스 연구(performance studies)가 아닐 경우 모두 '공연'으로 번역했으나 여기서는 연극(theatre)과 퍼포먼스(performance)를 분리하기 때문에 퍼포먼스라고 옮겼다. 이 맥락에서 연극은 극작가가 쓴 대본을 가지고 무대 위에서 인물들을 연기한다는 가장 전통적인 정의로 보면 간단하다. 퍼포먼스의 경우, 대본이 있거나 혹은 없더라도, 혹은 전통적인 대본에 대한 해체와 같은, 배우가 무대나 무대가 아닌 어떤 공간을 무대로 창조해내면서 무엇인가를 연기한다고 볼 수 있다.

되도록 한다고 말했다(174-175쪽). 이는 왜 1960년대부터 지금까지 실험 연극과 퍼포먼스에서 동물들의 참여가 두드러지는지 설명해준다. 동물들의 위상은 보텀스가 그의 논문에서 제시한 대로 '진정한 현실'과 '재현의 환상' 사이의 이분법을 불안정하게 만든다(174쪽).

라이다우트와 윌리엄스의 글들은 공연 속 동물이 단지 동물(현실)일 뿐인 것도 아니고 단순한 기호(재현)인 것도 아님을 보여준다. 비록 수많은 공연들이 동물들을 둘 중 하나로 다루더라도 말이다. 라이다우트는 「연극 산업에서 동물의 노동」(2004)에서 '동시대 연극과 퍼포먼스의 무대 위 동물은 보통 환원 불가능한 물질성에 대한 강조로 이해되고 나타나는' 것에 대해 도전한다고 말했다(60쪽). 동물에게 '어떤 의미도 어떤 역사도' 없고, 정치도 없다고 여겨지는 것은 동물이 실제를 대신하는 배역임을, 그리고 의미화해야 하는 텅 빈 기호임을 의미한다(60쪽).

동물들은 연극이 관련하고 있는 재현의 체계를 파괴하기 위한 특정 목적을 가지고 무대 위에 올려진다. 라이다우트는 동물이 '어떤 것 혹은 어떤 이가 된 척하거나 재현하지도 않는다. 동물은 그저 동물일 뿐이며 하던 일을 그냥 하는 것이고 그걸로 어떤 의미도 부여하려고 의도하지 않는다'고 주장한다(60쪽). 연극성의 힘에 대한 탐구로 유명한 텍스트인 셰익스피어의 작품 『햄릿』을 해체한 극단 팬팬(Pan Pan)의 〈리허설: 그 덴마크인을 연기하기〉The Rehearsal: Playing the Dane〉(더블린 사뮈엘 베케트 극장, 2010)를 예로 들 수 있다. 팬팬은 햄릿을 다른 방식으로 작업한다. 관객은 이 공연의 각 부분을 어떻게 모으고, 어떻게 연습하고, 어떻게 공연하는지 알게 된다. 관객들은 주인공 역을 뽑는 오디션, 제작 미팅, 주요 역할들이 관객을 포함하여 여러 배우들에게 나뉘는 광경을 객석에 앉아서 지켜본다. 이런 와중에 살아 있는 그레이트데인(초대형 견종) 한 마리가 공연 중간 여러 차례 무대로 이끌려 들어와 재현을 약화시키는 또다른 방식을 체현한다. 이 개는 덴마크 왕자 햄릿의 의인화, 혹은 의수화(animalisation)이고, 동시에 실제 그레이트데인의 의인화이다. 이렇게 함으로써 환상은 방해를 받고 연극 구성 방식이 노출된다.

라이다우트는 자신의 책 『무대 공포증, 동물들 그리고 여러 연극적 문제들』Stage Fright, Animals, and Other Theatrical Problems』(2006)에서 동물의 공연이 정말로 의미 생성에 저항하는지 질문한다. 동물이 무엇인가의 재현이 되어버리는 맥락(이것은 연극의 맥락이다)에 나타난다면, 동물은 단순히 동물이 아니라 공연이 창조하는 환상의 일부가 된다. 라이다우트는 쇼를 만드는 인간의 활동 안에서 볼 수 있는 동물의 참여는 '보여주는 것이 이론화하는 장소(극장이라고 불리는 장소)에서 자동적으로 이루어지며, 집에 있는 쥐조차도 의미를 생성하는 노동을 피할 수 없다'고 설명한다(102쪽). 그렇다면 공연 속 동물들은 자발적이거나 비자발적으로 항상 해독 가능한 기호가 된다는 의미인가? 라이다우트는 「믿게 하기Make Believe」(2006)에서, 소시에타스 라파엘로 산치오의 작품에서 보여주는, 살아 있는/실제인, 그리고 가짜인 동물의 현존을 분석하면서 그렇게 제안하는 듯 보인다. 연출가 로메오 카스텔루치는 「무대 위의 동물 존재The Animal Being on Stage」(2000)에서 소시에타스 라파엘로 산치오의 작품에 등장하는 동물은 비극의 기원을 요약한다고 설명하는데, 비극(tragedy)의 어원은 '염소tragos의 노래aoidē/ōidē'로, 희생되는 동물이 무대에서 사라질 때 탄생했다(24쪽).• 이것은 재현의 순간 이전, 연극의 탄생 이전에 동물이 존재한다는 의미이다. 어쨌든 라이다우트는 동물을 무대

• 이러한 어원에 근거하여, 비극 대회에서 우승한 극작가에게 부상으로 염소를 주었다는 추측도 있다.

위에 등장시켜 연극을 재현 전으로 되돌린다는 카스텔루치의 믿음이 성공적이지 않다고 보는 것 같다. 이 극단의 공연 〈줄리오 체사레Giulio Cesare〉(런던 퀸 엘리자베스 홀, 1997)에서 말의 현전은 공연이 생성하는 의미와의 일치를 거부했다. 말이 등장해야 하는 공연의 환경(극장, 무대 위 다른 동물들, 인간 연기자, 다른 물체들)과 그 말이 받은 처우 때문이었다. 라이다우트는 '살아 있는 진짜 말이 의미를 생성하는 몸들 사이 관계의 네트워크로 인해 기호의 세계로 끌려 들어오므로, 이들이 기호로 쓰이는 것은 의심의 여지가 없다'고 결론을 내린다(『무대 공포증, 동물들 그리고 여러 연극적 문제들』, 105쪽).

　동물들이 공연에서 보통 수행하는 역할은 관객들이 적극적으로 해석해야 할 의미를 만들어낼 때 그 공연을 만드는 연극 예술인들을 돕는 것이다. 존 버거의 작품을 바탕으로 한 말 펠로(Mal Pelo)의 공연 〈난 말을 봤어He visto caballos〉(바르셀로나 메르카 드 레 플로르, 2008)에서, 동물은 매우 구체적인 의미를 가진다. 이 공연에서는 극단의 무용수이자 연출가인 마리아 무뇨스(Maria Muñoz)와 펩 라미스(Pep Ramis)가 위기를 겪고 있는 듯한 두 인물을 연기했다. 두 사람은 서로 소통할 수가 없어서, 각자 자신의 세계에 갇혀 있다. 이 분리는 두 무용수가 빈 무대에서 각자 자신의 춤을 추는 것으로 재현되며, '분리'라는 제목이 붙은 부분에서는 말 한 마리가 자유롭게 뛰는 영상을 볼 수 있다. 공연의 다른 부분에서 같은 말이 배경에 네거티브로 비춰지고, 같은 공간을 공유하려고 안간힘을 쓰는 두 인물의 머릿속에서 떠나지 않는다. 이 말의 의미는 춤과 함께 진행되는 낭독에 나타난다. "말의 이미지는 자유의 은유로 보이는데, 이 자유는 두 인물이 떨어져 있는 동안 만들어야 했던 비밀이다."〈난 말을 봤어〉는 자유의 한 형태인 동물성과, 그와는 달리 각자의 개별성과 혼란에 붙잡혀 있는 인간성을 각각 구축한다. 말의 움직임은 두 인물의 춤에도 자취를 남기는데, 인간이 스스로에게서 탈출할 수 있도록 허락하는 자유를 상징하도록 쓰였다. 공연 중 한 순간, 무뇨스는 움직임과 결합된 독백에서 이런 의미를 확실히 한다. "갑자기 나는 미친 동작을 하기 시작했어. 그래! 나는 말처럼 울어. 내 갈기를 뒤로 누이고 바닥에 발을 굴러. 자유의 순간을 축하해. 맞아! 미친 여자처럼."

이와 유사한 동물성과 인간성 사이의 상반된 모습은 콩플리시테와 세타가야 공공 극단의 〈코끼리 사라지다〉에 나타난다. 극에 등장하는 코끼리, 즉 동물은 다시 한번 인간성을 이해하기 위한 대역으로 사용된다. 이 공연은 같은 제목을 가진 무라카미 하루키의 단편집에 실린 이야기 세 가지의 혼합인데, 기술과 도시에 대한 인간의 종속을 탐구한다. 도쿄의 동물원에서 코끼리가 사라진 사건이 이 은유의 시작점이다. 순식간에 지나가는 동물 몸의 이미지들이 TV 화면, 신문 사진, 프로젝터 스크린을 통해 산발적으로 나타난다. 이것은 마치 자연은 기술을 통해서만 접근할 수 있다는 듯 보이게 만든다. 만질 수 없는, 해체된 코끼리의 이미지들은 인간성과 자연 세계 사이 연결의 잔여물이다. 이 공연은 우리의 도시 일상과 기술이 증가시킨 생명들에서 동물이 사라졌음을 예리하게 지적하면서, 회복할 수 없는 상실을 회복하려는 욕망을 상징하는 동물을 통해 자연에 대한 신비로운 접근을 이룬다. 〈코끼리 사라지다〉는 인간이 동물뿐만 아니라 기술과 관계를 맺은 덕분에 인간성 개념이 더는 고정되지 않는다는 관념을 탐구한다. 이 공연에서 코끼리는 추방되었고 가상이 되어버렸다. 작품에 등장하는 코끼리는 실제 동물이지만, 인간에게는 전혀 다른 것, 기술이 없던 세계에 대한 향수라는 은유가 된다.

이러한 동물의 의미는 우리가 동물이 속하지 않은 세상에서 동물들을 읽어낼 수 있음을 장담한다. 재현의 장소인 연극은 재현될 수 없는 것에 대처할 수 없고, 그렇기에 살아 있는 동물은 무대 위에서 기호로 거의 쓰이지 않는다. 그렇다고 말 페로나 콩플리시테/세타가야에서 살펴봤듯이, 동물이 공연에서 나타나는 다른 방식들(인형, 가짜 동물, 이미지, 소리, 움직임)이 항상 특정한 의미를 지향한다는 뜻은 아니다. 이들은 다른 동물을 대표하는 동물들이다. 얀 파브르의 〈앵무새와 기니피그〉(벨기에 앤트워프 드싱겔 극장, 2002)에는 실제 동물을 본떠 인간이 만든 다양한 가짜 동물들(병아리, 개구리, 토끼, 쥐)이 등장하는데, 가짜 동물들의 등장 자체가 정확하게 의도된 것이다. 이들은 동물이 재현되는 다양한 방식을 불안정하게 만들기 위해 등장했다. 파브르의 혼란스러운 다종 마주침은 인간과 동물이 움직임, 벌거벗음, 음식, 몸의 기능을 공유하기에, 인간이 되는 것이 무엇을 의미하는지, 동물이 되는 것이 무엇을 의미하는지 질문하고자 한다. 이 공연은 의인화한 가짜 동물을 통해 인간과 동물의 몸이 각자의 재현으로 서로 혼란에 빠지는 광경을 무대 위에 보임으로써, 어떻게 이 두 범주가 연극에서 재현되고 있는지 질문한다. 마빈 칼슨(Marvin Carlson)은 『드라마 리뷰』에 실린 「나는 동물이 아니다 am not an Animal」(2007)에서 이 공연이 '공연하는 동물들(가장 포괄적이고 감탄하는 방식으로)의 작품'을 제시한다고 설명한다(169쪽). 이 공연은 인간이 동물에 투사하는 의미와 싸우고 있다.

　사이먼 맥버니(Simon McBurney)의 오페라 〈개의 심장A Dog's Heart〉(런던 잉글랜드 국립 오페라, 2010)은 미하일 불가코프의 동명 소설을 바탕으로 했다. 이 오페라의 중심에는 샤릭이라는 실제 개를 재현해서 제작한 개 인형이 있다. 인형극은 〈개의 심장〉이 요구하는 개가 사람이 되는 개연성 없는 변신을 다루기 위한 콩플리시테의 장치이다. 또한 개 인형은 통제할 수 없는 동물을 통제하는 공연이 가능하도록 만든다. 이 공연은 우생학 관행과 관련된 인간의 탐욕과 야망을 비난하는데, 인형 극단 블라인드 서미트(Blind Summit)가 제작한 개 인형은 인간 통제의 또다른 체현이다. 반면, 샤릭의 모조성은 이 연극의 재현 전력에 개입할 여지를 준다. 샤릭의 잘린 몸은 구성된 본성이고, 움직임과 가수 둘이 부르기에 나뉘어 들리는 목소리는 관객들이 보고 있는 것이 사실이 아님을 보여준다. 하지만 다시 한번 동물은 공연의 작동과 의미 생성의 구조를 노출하는 기호이자 장치가 된다.

이 책의 목적은 연극과 퍼포먼스 연구자들, 공연 예술인들이 자신의 연구와 실천을 관계 맺게 하는 관습적 방식에 대해 도전하여, 동물이 어떻게 연극과 공연이 제작되고 수용되고 전파되는 과정에 개입하는지 드러내는 것이었다. 이 책에 수록된 공연에서 동물 현전의 여러 예들, 그리고 논의하지 못한 수많은 예들과 동물에 집중한 학자들의 점점 증가하는 연구들은 공연에 등장하는 동물에 대한 관심이 새로워졌음을 입증한다. 이 책에서 보았듯이, 연극과 공연의 맥락에서 동물을 탐구하려면 다른 학문과 제휴해야 한다. 이는 동물이 공연을 통해 더 넓은 사회적·지적 관심사와 논쟁이 교차하게 할 수 있음을 의미한다.

더 읽을거리

연극과 퍼포먼스에서 동물의 현존에 대한 단행본은 아직 없다. 이 책은 다양한 학술지에 실린 논문들과 다양한 주제에 대한 단행본에서 관련된 부분을 참고했다. 우나 차우두리와 앨런 리드가 엮은 『드라마 리뷰』와 『퍼포먼스 리서치 *Performance Research*』(2000)의 특별호가 동물이 참가하는 연극과 퍼포먼스 실천을 중점적으로 다루고 있다. 그리고 개별 논문들이 학술지나 단행본에 실려 있는 경우가 많은데, 닉 라이다우트는 이 주제와 관련하여 가장 영향력 있는 논문 「연극 산업에서 동물의 노동」과 「믿게 하기」를 썼고, 그의 책 『무대 공포증, 동물들 그리고 여러 연극적 문제들』에는 동물과 관

련된 부분이 실려 있다. 앨런 리드의 책『연극, 친밀함, 관계
함』, 제니퍼 파커스타벅의 논문「살아 있게 되기: 인간의 수행
된 한계들을 중심으로Becoming-Animate: On the Performed Limits of "Human"」
(2006), 로리 새넌의「셰익스피어 극에서 여덟 동물 혹은 인
간 이전」과 말라 칼슨(Marla Carlson)의「털 지도 작성법: 공연
하는 종Furry Cartography: Performing Species」(2011)은 모두 공연에 대한
인간 중심적인 접근에 대해 질문하고 있으며, 공연과 퍼포먼
스 연구에서 인간 중심주의에 대해 도전하고, 공연 실천과
연구에서 더욱 잡종(hybrid)적인 이해에 대한 영감을 제공한
다. 페타 테이트의『거칠고 위험한 공연들』과 존 스톡스(John
Stokes)의「사자의 슬픔: 야생 동물의 연극 행동"Lion Griefs": The Wild
Animal Act as Theatre」(2012)은 서커스에 등장하는 동물의 공연에
대한 저술인데, 연극학과 퍼포먼스 연구와 학제간 학문인 동
물학 사이의 간극을 줄이는 결정적인 역할을 한다.

로메오 카스텔루치, 키라 오라일리, 캐시 하이와 레이철
로즌솔은 동물들이 참가하는 자신들의 작업에 대하여 진솔
한 기록을 남겼다. 그들의 글과 웹사이트는 다른 종과 공연
하는 것에 대한 그들의 관심을 이해하는 유용한 자료이다.

공연 속 동물들은 철학적 탐구를 필요로 한다. 철학자들

의 저작을 읽는 것 이외에도 매슈 칼라코의『동물지학: 하이데거부터 데리다까지 동물에 대한 질문 *Zoographies: The Question of the Animal from Heidegger to Derrida*』(2008)은 철학자들의 복잡한 텍스트들을 이해하는 데 유용하다. 비슷하게, 에리카 퍼지의『동물』은 더 구체적인 주제에 접근하는 데 필요한 일반적인 지식을 얻을 수 있는 매우 가치 있는 저작이다. 마지막으로, 스티브 베이커의『포스트모던 동물』은 포스트모더니즘 예술과 공연에서 동물의 현존을 이해하는 데 필수적인 저작이다. 그리고 다양한 동물들을 주제로 다루고 있는 리액션 (Reaktion) 시리즈는 과학과 문화사에서 동물과 동물의 역할에 대한 뛰어난 시각을 제공한다.

Agamben, Giorgio. *The Open: Man and Animal*. Trans. Kevin Attell. Stanford, CA: Stanford UP, 2004.

Aristotle. *The Politics and The Constitution of Athens*. Ed. Stephen Everson. Cambridge: Cambridge UP, 2010.

Arnott, P. D. 'Animals in the Greek Theatre.' *Greece & Rome* 2nd ser. 6.2 (1959): 177-79.

Baker, Steve. *The Postmodern Animal*. London: Reaktion, 2000.

—. 'Sloughing the Human.' *Zoontologies: The Question of the Animal*. Ed. Cary Wolfe. Minneapolis: U of Minnesota P, 2003.

—. ' "You Kill Things to Look at Them": Animal Death in Contemporary Art.' *Killing Animals*. Animal Studies Group. Urbana: Illinois UP, 2006. 69-99.

Bartabas. 'Inside Dance. Interview. Sadler's Wells. ⟨www.youtube.com/watch?v=yGTD7meQ4iE⟩. Accessed 12 April 2012.

Beck, Ulrich. *Risk Society: Towards a New Modernity*. Trans. Mark Ritter. London: Sage, 1992.

—. *World at Risk*. Cambridge: Polity, 2009.

Berger, John. 'Why Look at Animals?' *About Looking*. New York: Pantheon, 1980. 1-26.

Bottoms, Stephen J. 'The Efficacy/Effeminacy Braid: Unpicking the Performance Studies/Theatre Studies Dichotomy.' *Theatre Topics* 13.2 (2003): 173-87.

Calarco, Matthew. *Zoographies: The Question of the Animal from Heidegger to Derrida*. New York: Columbia UP, 2008.

Carlson, Marla. 'Furry Cartography: Performing Species.' *Theatre Journal* 62.2 (2011): 191-208.

Carlson, Marvin. ' "I Am Not an Animal": Jan Fabre's Parrots and Guinea Pigs.' *The Drama Review* 51.1 (2007): 166-69.

Castellucci, Romeo. 'The Animal Being on Stage.' *Performance Research* 5.2 (2000): 23-28.

Chaudhuri, Una. 'Animal Geographies: Zooësis and the Space of Modern Drama.' *Modern Drama* 46.4 (2003): 646-62.

—. '(De)Facing the Animals: Zooësis and Performance.' *The Drama Review* 51.1 (2007): 8-20.

—. ed. *Animals and Performance*. Spec. issue of *The Drama Review* 51.1 (2007).

Cole, Helen. 'Kira O'Reilly: *Inthewrongplaceness*.' *Antennae* 12 (2010): 87-91.

Davis, Susan G. *Spectacular Nature: Corporate Culture and the Sea World Experience*. Berkeley: U of California P, 1997.

Deleuze, Gilles, and Felix Guattari. '1730: Becoming-Intense, Becoming-Animal, Becoming-Imperceptible...' *A Thousand Plateaus: Capitalism and Schizophrenia*. Minneapolis: U of Minnesota P, 1987. 232-309.

Derrida, Jacques. *The Animal That Therefore I Am*. Trans. David Wills. Ashland, OH: Fordham UP, 2008.

Every Breath. Judith Johnson. Y Touring Theatre Company. 2006. DVD. Trailers available at 〈www.theatreofdebate.com/Resources/Resources/EveryBreath.html〉. Accessed 2 June 2012.

Flynn, Clifton P. *Social Creatures: A Human and Animal Studies Reader*. New York: Lantern, 2008.

Fudge, Erica. *Animal*. London: Reaktion, 2002.

—. *Pets*. Stocksfield, UK: Acumen, 2008.

Giddens, Anthony. 'Risk and Responsibility.' *Modern Law Review* 62.1 (1999): 1-10.

Haraway, Donna J. *The Companion Species Manifesto: Dogs, People, and Significant Otherness*. Chicago, IL: Prickly Paradigm, 2003.

—. *When Species Meet*. Minneapolis: U of Minnesota P, 2008.

High, Kathy. 'Playing with Rats.' *Tactical Biopolitics*: *Art, Activism and Technoscience*. Ed. Beatriz da Costa and Kavita Philip. Cambridge, MA: MIT Press, 2008. 465-78.

Höfele, Andreas. *Stage, Stake, and Scaffold*: *Humans and Animals in Shakespeare's Theatre*. Oxford: Oxford UP, 2011.

Kalof, Linda. *Looking at Animals in Human History*. London: Reaktion, 2007.

Kluger, Jeffrey. 'Killer Whale Tragedy: What Made Tilikum Snap?' *Time* 26 February 2010. ⟨www.time.com/time/health/article/0,8599,1968249,00.html⟩. Accessed 10 March 2012.

Latour, Bruno, and Peter Weibel. *Making Things Public*: *Atmospheres of Democracy*. Cambridge, MA: MIT Press, 2005.

Lippit, Akira Mizuta. *Electric Animal*: *Toward a Rhetoric of Wildlife*. Minneapolis: U of Minnesota P, 2000.

Lonsdale, Steven. 'Attitudes towards Animals in Ancient Greece.' *Greece & Rome* 2nd ser. 26.2 (1979): 146-59.

Mackrell, Judith. 'Bartabas: Dances with Horses.' *Guardian* 21 February 2011. ⟨www.guardian.co.uk/stage/2011/feb/21/bartabas-zingaro-dance-horses-interview⟩. Accessed 8 January 2013.

Marjanic, Suzana. 'The Zoostage as Another Ethical Misfiring: The Spectacle of the Animal Victim in the Name of Art.' *Performance Research* 15.2 (2010): 74-79.

Omond, Tamsin. 'Lush's Human Performance Art Was about Animal Cruelty Not Titillation.' *Guardian Online* 27 April 2012. ⟨www.

guardian.co.uk/commentisfree/2012/apr/27/lush-animal-cruelty-performance-art⟩. Accessed 2 June 2012.

O'Reilly, Kira. 'Bio Art.' ⟨www.kiraoreilly.com/blog/archives/category/bioart⟩. Accessed 2 June 2012.

Orozco, Lourdes. 'Never Work with Children and Animals: Risk, Mistake and the Real in Performance.' *Performance Research* 15.2 (2010): 80-85.

Parker-Starbuck, Jennifer. 'Becoming-Animate: On the Performed Limits of "Human".' *Theatre Journal* 58.4 (2006): 649-68.

—. 'Pig Bodies and Vegetative States: Diagnosing the Symptoms of a Culture of Excess.' *Women and Performance: A Journal of Feminist Theory* 18.2 (2008): 133-51.

PETA. 'Circuses.' ⟨www.peta.org/issues/animals-in-entertainment/circuses.aspx⟩. Accessed 18 March 2012.

Peterson, Michael. 'The Animal Apparatus: From a Theory of Animal Acting to an Ethics of Animal Acts.' *The Drama Review* 51.1 (2007): 33-48.

Read, Alan, ed. *On Animals.* Spec. issue of *Performance Research* 5.2 (2000).

—. *Theatre, Intimacy and Engagement: The Last Human Venue.* Basingstoke, UK: Palgrave Macmillan, 2009.

Ridout, Nicholas. 'Animal Labour in the Theatrical Economy.' *Theatre Research International* 29.1 (2004): 57-65.

—. 'Make Believe: Socìetas Raffaello Sanzio Do Theatre.' *Contemporary Theatres in Europe: A Critical Companion.* Ed. Joe Kelleher and

Nicholas Ridout. London: Routledge, 2006. 175-87.

—. *Stage Fright, Animals, and Other Theatrical Problems*. Cambridge: Cambridge UP, 2006.

Rosenthol, Rachel. 'Animals Love Theatre.' *The Drama Review* 51.1 (2007): 5-7.

—. *The Others*. Unpublished text. 1985.

Rothfels, Nigel. *Representing Animals*. Bloomington: Indiana UP, 2002.

'Roy of Siegfried and Roy Critical After Mauling.' CNN.com. 4 October 2003. 〈http://edition.cnn.com/2003/SHOWBIZ/10/04/roy.Accessed 2 June 2012.

Shannon, Laurie. 'The Eight Animals in Shakespeare; or, Before the Human.' *PMLA* 124.2 (2009): 472-79.

Singer, Peter. *Animal Liberation*. 1990. 2nd ed. London: Pimlico, 1995.

—, ed. *In Defence of Animals*: *The Second Wave*. Malden, MA: Blackwell, 2006.

Stokes, John. '"Lion Griefs": The Wild Animal Act as Theatre.' *New Theatre Quarterly* 20.2 (2004): 138-54.

Sukumar, Raman. *The Living Elephants*: *Evolutionary Ecology, Behavior, and Conservation*. Oxford: Oxford UP, 2003.

Sunstein, Cass R., and Martha C. Nussbaum, eds. *Animal Rights*: *Current Debates and New Directions*. Oxford: Oxford UP, 2004.

Tait, Peta. *Wild and Dangerous Performances*: *Animals, Emotions, Circus*. Basingstoke, UK: Palgrave Macmillan, 2012.

Taylor, Paul. 'First Night: *The Wizard Of Oz*, London Palladium.' *Independent Online* 2 March 2007. 〈www.independent.co.uk/arts-entertainment/theatre-dance/reviews/first-night-the-wizard-of-oz-london-palladium-2229689.html⟩. Accessed 14 May 2012.

Walker, Elaine. *Horse*. London: Reaktion, 2008.

Williams, David. 'Inappropriate/d Others: or, The Difficulty of Being a Dog.' *The Drama Review* 51.1 (2007): 92-118.

Wolfe, Cary. *Animal Rites: American Culture, the Discourse of Species, and Posthumanist Theory*. Chicago, IL: U of Chicago P, 2003.

——. *What Is Posthumanism?* Minneapolis: U of Minnesota P, 2010.

——, ed. *Zoontologies: The Question of the Animal*. Minneapolis: U of Minnesota P, 2003.

Websites

Animal Asia. ⟨www.animalsasia.org⟩. Accessed 3 June 2012.

High, Kathy. ⟨www.embracinganimal.com⟩. Accessed 22 May 2012.

PAWS(Performing Animal Welfare Society). ⟨www.pawsweb.org⟩. Accessed 3 June 2012.

UrbanPup. ⟨www.urbanpup.com⟩. Accessed 14 May 2012.

역자 후기

『연극 그리고 동물들』은 연극과 동물이라는 전통적인 연극학의 범주를 넘어, 무대 위에서 드물게 다루어지는 '연극과 동물'이라는 주제를 탐구한다. 이 책은 연극과 무대, 그리고 동물 사이의 관계를 면밀히 조명하여 수많은 질문을 제기하게 하는 좋은 책이다. 연극 무대에서 동물을 보게 되는 경우는 매우 드물다. 연극에서는 하나의 인물이 인간의 연기를 통해서 구축되어야 하는데, 대개 동물에게는 연기를 기대할 수 없기 때문이다. 이 책에서 소개한 로메오 카스텔루치의 〈지옥〉과 같은 실험적 공연이나 〈금발이 너무해〉와 같은 뮤지컬에 등장하는 동물들은 전통적인 의미의 '연기'를 하지 않는다. 그저 훈련받은 대로 행동할 뿐인데, 그 등장은 관객에게 언제나 신선한 놀라움을 선사한다. 이는 무대를 오로지 인간만이 행동하는 공간으로 인식해왔던 우리의 선입견에 기인한다. 그런데 21세기에 들어서면서, 무대는 홀로그램이나 인간을 모방하지 않는 로봇 등 비인간 존재들이 등장하는 새로운 공간으로 재구성되고 있다. 그렇다면 동물은 무대 위에서 단순히 놀라움을 주는 역할을 넘어 어떤 가능성을 지니는가?

인간은 자연 과학의 방법을 통해 동물을 외형적 특징으로 분류하고 정의해왔다. 그러나 그러한 과학적 인식은 인간의 언어에 의해 늘 왜곡되기 마련이다. 동물은 인간의 담론 속에 자주 소환된다. 그 과정에서 본연의 동물성은 삭제되고, 특정 언어적·정치적 맥락에서 부정적인 의미를 갖는다. 예를 들어 돼지는 인간의 식성 및 체형을, 하이에나와 피라냐는 인간의 포악한 성격을 암시하는 비유로 사용된다. 이들 모두 긍정적인 의미를 내포하지 않는다. 더욱이, 가장 친근하게 여겨지는 반려동물인 개조차 한국어에서는 비속어나 때때로 부정적인 뉘앙스로 쓰인다. 이는 인간과 가장 가깝기 때문에, 오히려 인간의 모순과 가치를 비하하는 도구로 전락

한 결과라 할 수 있다. 이러한 언어 사용은 인간의 종 차별적 사고가 일상 속에서 드러나는 예시라 할 수 있다.

이와 같은 종 차별주의는 인간인 호모 사피엔스가 다른 동물을 도구적 대상으로 전락시켜 이용하는 근거가 된다. 우리는 소, 돼지, 닭, 광어, 우럭 등을 고기로서 일상적으로 소비하며, 쥐, 토끼나 개와 같이 인간과 함께 살아가는 동물들에게는 인간의 안전을 위한 실험 대상으로서 고통을 강요하기도 한다. 인간은 반려동물에게 작은 문제만 있어도 병원에 모시지만, 어떤 동물은 도살되거나 잔인하게 폐기되는 현실을 마주한다. 결국 동물을 하나의 개별적 존재라기보다 집단으로 규정짓는 인식이 이러한 차별을 만드는 요인으로 작용하는 것이다. 게다가 공장식 축산업의 확산으로, 한때 동물과 함께 한 집에서 마당을 공유하며 살아가던 경험조차 희박해진 것도 이러한 현상의 한 단면이다. 특히 많은 탄소 발자국을 낳는, 먼 타국에서 수입된 고기의 경우 이러한 정서적 연계는 완전히 불가능하다.

그러나 인간의 예외주의는 단순히 익숙한 현상에 머무르지 않는다. 인간은 언제나 동물과 함께 살아왔다. 도나 해러웨이가 지적하듯, '인간 진화의 공범자'인 개가 인간과 함께 살아온 세월은 4만 년이 넘는다. 소는 근대 이전에는 단순히 고기와 우유를 제공하는 게 아니라 농업 및 이동의 노동력을 제공했다. 말, 닭, 당나귀, 토끼 등도 인간과 더불어 살아왔다. 인간은 가까이 있던 동물을 먹지만, 때때로 어디서 사는지 모르는 동물에게 먹혔다. 동물은 친숙하지만 두려운 대상이었으며, 욕구의 대상이자 때로는 성스러운 존재로 숭배되기도 했다. 인간과 동물은 한 가지로 정의내리기 불가능한 방식으로 공생하고 있었다. 그러나 현대성은 우리가 과거에 맺은 관계들을 급격히 단절시켰다. 오늘날 인간은 여전히 동물을 식용으로 소비하지만 먹힐 위험은 없으며, 우리가 소비하는 음식이나 옷이 되기 위해 희생된 동물들의 모습은 전혀 알 수 없다. 이처럼 무심코 강요된 '알 수 없음'의 상태가 현대의 동물과 인간의 관계를 구성한다. 『연극 그리고 동물들』에서 소개하는 다양한 공연들은 이러한 관계를 비판적으로 진단한다.

미국의 극작가 샘 셰퍼드는 무대를 '보이지 않는 것을 보이게 하는 곳'이라고 정의했다. 무대는 현실에서 보이지 않는 것과 사건을 실제 물질들과 인물의 사실적인 행동으로 보이게 한다. 그렇다면 현 시대의 동물과 인간의 보이지 않는 관계는 어떻게 나타날 수 있을까? 우선, 동물은 종종 의인화한다. 한국에서는 봉산 탈춤에서 이미 사자가 등장했고, 최근에는 곤충이나 동물이 주요 배역인 연극도 공연됐다. 그런데 이러한 경우 동물은 윤리적 효과를 위한 우화거나, 연기하는 동물의 행동적 특성을 이용하여 인간성에 대한 탐구를 하도록 만드는 경우가 많다. 그리고 의인화는 비유로 나타나는 그 동물의 실재를 지운다. 예를 들어 늑대는 인간의 언어를 사용할 수도 없고 인간의 동작을 모방할 수도 없는데, 우리는 늑대를 흉악하고 비열한 존재로 단정하기 쉽다. 따라서 어떤 유형을 의미 있게 하는 의인화는 동물을 텅 빈 기표로 만들어버린다.

또한, 동물이 다양한 방식으로 무대 위에 나타나는 경우를 생각해볼 수 있다. 역자는 동물만의 공연을 두 번 보았다. 1970년대 말 서울의 변두리 지역에서 투견을 목격한 적이 있었다. 억지로 공격성을 키운 개 두 마리가 피를 흘리며 사투를 벌이는 장면은 너무 공포스러워서, 쇠창살로 둘러싸인 무대 가까이 다가가지 못할 정도였다. 이때, 언젠가 맞이할 죽음에 대한 공포를 처음으로 어렴풋이 느꼈던 것 같다. 투견은 인간이 조정하는 죽음 같았다. 왜냐하면 둘 중 하나는 반드시 죽을 듯했기 때문이다. 그 후, 1980년대 중반에 관람한 돌고래 쇼에서는 거대한 수조 속에서 돌고래들이 훈련사의 명령에 복종하며 인간을 즐겁게 하는 모습을 보았다. 그때는 인간이 동물을 완벽하게 지배할 수 있다는 권능을 느꼈다. 그리고 인간의 쾌락을 위해 희생당하는 동물의 모습을 자연스럽게 받아들였다. 동물이 이렇게 무대 위에 현전하는 경우 "바다의 고기와 공중의 새와 땅 위를 돌아다니는 모든 짐승을 부려라"(『창세기』 1장 28절)는, 신에게 부여받은 인간의 동물 지배를 다시 실증한다.

다시 한번 첫 단락에서 이야기한, 동물이 자기 자신 그대로 극의 맥락에 참여하는 경우를 생각해본다. 이것은 의인화한 동물들의 텅 빈 기표도 아니고, 인간의 유흥을 위해 강제된 특정 행동의 반복도 아니다. 이 책에서 예를 든 공연 〈리허설: 그 덴마크인을 연기하기〉의 경우, 비인간 동물인 개는 햄릿 역을 뽑는 리허설에 참가한 배우를 연기하는 인간들 속에서 자신도 하나의 인물처럼 무대에 존재한다. 저자에 따르면, 이 그레이트데인은 덴마크인 햄릿으로 의인화하고, 개의 한 품종으로서 그레이트데인의 재현이 될 수 있으며, 햄릿을 어쩌면 '동물화'할 수도 있다. 개의 현전으로 '환상은 방해받고 연극 구성 방식이 노출'된다. 앞서 말한 것처럼 동물은 연기하지 않는다. 그러나 이 공연에서는 연기를 하지 않으면서 연기를 하게 된다. 그리고 이 개로 인하여 다른 인물들 역시 단일한 성격으로 고정되지 않는다. 그들이 햄릿을 연기하는 척할 뿐인데, 개가 햄릿으로 보일 수 있기 때문이다. 따라서 햄릿을 어떻게 보는지에 따라 무대 위에서 체현되는 개성들은 계속 재조정될 수 있다. 무대 위 동물의 현존은 이 책에 인용한, 동물과 인간을 항상 구별하는 아감벤의 용어인 '인류학적 기계'를 중지시킬 수 있다. 그리고 해러웨이가 말하는 '관계 속 타자성'이라는 종 사이의 윤리적 관계를 구축할 수 있다. 무대 위 동물의 현전은 불가능한 재현의 시도이며, 이 수행은 개별성이 제거된 대상을 하나의 집합으로 환원시키는 의미화를 계속 방해할 것이다.

이 책을 번역하게 된 계기는 역자의 가족 때문인데, 우리 가족은 호모 사피엔스 둘과 케이나인(canine) 하나를 더해 셋이다. 우리는 태어난 지 한 달이 채 되지 않은 강아지를 데려와 갈등이라는 별칭을 붙였고, 이를 통해 타 종과의 공거에 대해 끊임없이 생각하게 되었다. 5년간 공거하면서, 우리는 매우 고집스러운 갈등을 훈련시키지 않았다. 이를 통해 역자는 인간과 다른 종 사이의 관계에서 변하지 않을 진실은 서로 모른다는 것임을 깨달았다. 최근 유행하는. 반려견을 키우는 프로그램들의 목적은 하나다. 문제가 있다는 개를 인간의 질서에 순응시키는 것이다. 그렇게 해야 개와 인간 모두 행복하다고 한다. 하지만, 우리는 갈등과 아주 우연히, 매우 짧게, 섬광처럼 머릿속을 감전시키는 공감과 상호 이해의 순간이 다가올 때 가장 큰 행복을 맛본다. 그 행복감은 우리를 서로 사랑하게 한다. 함께 모든 것을 나누는 가장 소중한 파트너 지구의 딸과 고집스러운 눈빛으로 온갖 반항을 다하는 갈등이 없었다면, 이 번역은 시작할 마음도 못 먹었을 것이다. 역자에게 가장 중요한 이 두 존재에 대해 더 많은 글을 쓰도록 『연극 그리고 동물들』이 영감을 주었다. 연세대학교 비교문학협동과정의 박근하와 경희대학교 영문과 대학원 임정재, 최윤수가 원고를 전부 읽고 어색한 부분을 고쳐주었다. 학문 후속 세대인 세 사람에게 감사를 보낸다.

2025년 3월

조성관

연극 그리고 동물들

초판 1쇄 인쇄 2025년 3월 17일
초판 1쇄 발행 2025년 3월 27일

지은이 로데스 오로즈코 | 옮긴이 조성관

편집 이고호 정소리 이원주 | 디자인 윤종윤 이주영 | 마케팅 김선진 김다정
브랜딩 함유지 박민재 김희숙 이송이 박다솔 조다현 배진성 김하연 이준희
저작권 박지영 형소진 오서영 조경은
제작 강신은 김동욱 이순호 | 제작처 천광인쇄사

펴낸곳 (주)교유당 | 펴낸이 신정민
출판등록 2019년 5월 24일 제406-2019-000052호

주소 10881 경기도 파주시 회동길 210
문의전화 031.955.8891(마케팅) | 031.955.2680(편집) | 031.955.8855(팩스)
전자우편 gyoyudang@munhak.com

www.gyoyudang.com
인스타그램 @gyoyu_books | 트위터 @gyoyu_books | 페이스북 @gyoyubooks

ISBN 979-11-94523-26-0 93680